学习贯彻习近平新时代中国特色社会主义经济思想
做好“十四五”规划编制和发展改革工作
| 系列丛书 |

加快完善社会主义市场经济体制

丛书编写组　编著

中国市场出版社 China Market Press　中国计划出版社
·北京·

图书在版编目（CIP）数据

加快完善社会主义市场经济体制 / 学习贯彻习近平新时代中国特色社会主义经济思想 做好“十四五”规划编制和发展改革工作系列丛书编写组编著. —北京：中国市场出版社有限公司：中国计划出版社，2020.8（2020.11重印）
（学习贯彻习近平新时代中国特色社会主义经济思想 做好“十四五”规划编制和发展改革工作系列丛书）
ISBN 978-7-5092-1985-0

Ⅰ. ①加… Ⅱ. ①学… Ⅲ. ①习近平新时代中国特色社会主义思想－学习参考资料 ②中国经济－社会主义市场经济－市场经济体制－学习参考资料 Ⅳ. ①D610 ②F123.9

中国版本图书馆CIP数据核字（2020）第160663号

加快完善社会主义市场经济体制
JIAKUAI WANSHAN SHEHUIZHUYI SHICHANG JINGJI TIZHI

编　　著：丛书编写组
责任编辑：宋　涛
装帧设计：蒋宏工作室

出版发行：中国市场出版社　中国计划出版社
社　　址：北京市西城区月坛北小街2号院3号楼（100837）
电　　话：（010）68034118 / 68032104 / 68020340
网　　址：http://www.scpress.cn

印　　刷：河北鑫兆源印刷有限公司
规　　格：170mm × 240mm　　1/16开本
印　　张：13.5　　字　　数：130千字
版　　次：2020年8月第1版　　印　　次：2020年11月第3次印刷
书　　号：ISBN 978-7-5092-1985-0
定　　价：34.00元

前 言

社会主义市场经济体制是中国特色社会主义的重大理论和实践创新，是社会主义基本经济制度的重要组成部分。党的十八大以来，以习近平同志为核心的党中央作出全面深化改革的重大战略部署，实现改革理论和实践一系列新的重大突破，开创了经济体制改革全新局面，推动经济社会发展取得历史性成就、发生历史性变革。党的十九届四中全会将社会主义市场经济体制纳入社会主义基本经济制度，这是对社会主义基本经济制度内涵作出的重要发展和深化。2020年，《中共中央 国务院关于新时代加快完善社会主义市场经济体制的意见》《中共中央 国务院关于构建更加完善的要素市场化配置体制机制的意见》印发实施，进一步就完善社会主义市场经济体制和关键领域改革作出重大部署。

习近平总书记高度重视社会主义市场经济理论和实践问题，就如何加快完善社会主义市场经济体制作出一系列重要论述。这是习近平新时代中国特色社会主义经济思想的重要组成部分，是马克思主义政治经济学的重大理论创新，是改革开放理论创新的集中体现，也是经济体制改革实践的深刻理论总结。这些重要论述扎根于中国经济体制改革的伟大实践，符合中国国情、适应中国发展需要，立意高远，内涵丰富，思想深刻，具有重大的理论意义和实践指导意义，是推进经济体制改革各项工作的根本遵循。为学习领会习近平总书记关于加快完善社会主义市场经济体制的重要论述，帮助发展改革系统党员干部学习理解和深刻把握习近平总书记重要论述的科学体系、精神实质、实践要求，更加自觉地运用于实践，指导改革、推动发展，特编写本书。

本书共分五章，阐述了习近平总书记关于加快完善社会主义市场经济体制重要论述的重大理论和实践意义，学习贯彻习近平总书记重要论述的认识体会，总结了党的十八大以来加快完善社会主义市场经济体制取得的重要进展和成就，并基于“十四五”时期面临的新形势，提出了“十四五”时期加快完善社会主义市场经济体制的总体思路和重点任务。

习近平总书记关于加快完善社会主义市场经济体制的重要论述博大精深，我们虽尽力领会其重大理论意义、实践指导意义，尽力学懂弄通其丰富内涵，但受水平和时间所限，书中难免存在错漏之处，敬请读者批评指正。

本书编写组

2020年8月

目　录

第三章

加快完善社会主义市场经济体制取得的进展和成效

第四章

“十四五”时期加快完善社会主义市场经济体制面临的新形势

第五章
“十四五”时期加快完善社会主义市场经济体制的总体思路和重点任务

第一章

充分认识习近平总书记关于加快完善社会主义市场经济体制重要论述的重大理论和实践意义

社会主义市场经济体制是中国特色社会主义的重大理论和实践创新，是社会主义基本经济制度的重要组成部分。党的十八大以来，习近平总书记就加快完善社会主义市场经济体制作出一系列重要论述，深化了对社会主义市场经济规律的认识，明确了社会主义市场经济改革方向和重点任务，具有重大的理论意义和实践意义，是推进经济体制改革各项工作的根本遵循。

第一节

习近平新时代中国特色社会主义经济思想的重要组成部分

党的十八大以来，面对复杂的国内外形势和中国特色社会主义进入新时代的新形势新要求，以习近平同志为核心的党中央坚持观大势、谋全局，提出一系列新理念新思想新论断，成功驾驭我国经济发展大局，推动改革开放和社会主义现代化建设取得历史性成就，在实践中形成了习近平新时代中国特色社会主义经济思想，这是马克思主义政治经济学中国化的最新理论成果。习近平总书记关于加快完善社会主义市场经济体制的重要论述，是习近平新时代中国特色社会主义经济思想的重要组成部分，丰富和发展了马克思主义政治经济学，是改革开放理论创新的集中体现和改革开放实践的深刻理论总结。

一、马克思主义政治经济学的重大理论创新

在社会主义条件下发展市场经济，是我们党的一个伟大创举。我国经济发展获得巨大成功的一个关键因素，就是我们既发挥了市场经济的长处，又发挥了社会主义制度的优越性。我们是在中国共产党领导和社会主义制度的大前提下发展市场经济，什么时候都不能忘了“社会主义”这个定语。之所以说是社会主义市场经济，就是要坚持我们的制度优越性，有效防范资本主义市场经济的弊端。我们要坚持辩证法、两点论，继续在社会主义基本制度与市场经济的结合上下功夫，把两方面优势都发挥好，既要“有效的市场”，也要“有为的政府”，努力在实践中破解这道经济学上的世界性难题。

——《在十八届中央政治局第二十八次集体学习时的讲话》（2015年11月23日）

习近平总书记高度重视社会主义市场经济理论和实践问题，作出一系列新的阐述，提出新的重大理论观点，创造性地阐释了社会主义和市场经济的深度融合。习近平总书记指出，我国经济体制改革的核心问题是处理好政府和市场的关系，使市场在资源配置中起决定性作用和更好发挥政府作用[1]；继续在社会主义基本制度与市

[1]《在十八届中央政治局第二十八次集体学习时的讲话》（2015年11月23日），《十八大以来重要文献选编》（下），中央文献出版社2018年版。

场经济的结合上下功夫，把两方面优势都发挥好[1]。经济体制改革必须以完善产权制度和要素市场化配置为重点，实现产权有效激励、要素自由流动、价格反应灵活、竞争公平有序、企业优胜劣汰。这些重要论述进一步深化了对社会主义市场经济规律的认识，进一步坚定了社会主义市场经济改革方向，明确了加快完善社会主义市场经济体制的重点任务。

习近平总书记的重要论述体现了解放和发展生产力的社会主义本质特征。社会主义的根本任务是解放和发展社会生产力。习近平总书记指出，以经济建设为中心是兴国之要，发展仍是解决我国所有问题的关键[2]；要坚持和完善社会主义基本经济制度，毫不动摇巩固和发展公有制经济，毫不动摇鼓励、支持、引导非公有制经济发展，推动各种所有制取长补短、相互促进、共同发展[1]。同时指出，创新是引领发展的第一动力，要将创新成果更快转化为现实生产力[3]；要深化经济体制改革，完善现代化经济体系的制度保障，加快完善社会主义市场经济体制，坚决破除各方面体制机制弊端，激发全社会创新创业活力[4]；要发挥市场对技术研发方向、路线选

[1]《决胜全面建成小康社会 夺取新时代中国特色社会主义伟大胜利——在中国共产党第十九次全国代表大会上的报告》（2017年10月18日），《人民日报》2017年10月28日。
[2] 在党的十八届二中全会第一次全体会议上的讲话（2013年2月26日），《人民日报》2013年3月1日。
[3] 参加十二届全国人大五次会议上海代表团审议时的讲话（2017年3月5日），《人民日报》2017年3月6日。
[4] 在十九届中央政治局第三次集体学习时的讲话（2018年1月30日），《人民日报》2018年1月31日。

择、要素价格、各类创新要素配置的导向作用，让市场真正在创新资源配置中起决定性作用[1]。这些重要论述，充分体现了以改革促发展、解放和发展社会生产力的要求，丰富和发展了马克思主义政治经济学，对做好改革发展稳定各项工作具有重要指导意义。

二、改革开放理论创新的集中体现

改革开放是一场深刻革命，必须坚持正确方向，沿着正确道路推进。方向决定道路，道路决定命运。我国改革开放之所以能取得巨大成功，关键是我们把党的基本路线作为党和国家的生命线，始终坚持把以经济建设为中心同四项基本原则、改革开放这两个基本点统一于中国特色社会主义伟大实践，既不走封闭僵化的老路，也不走改旗易帜的邪路。

——《在十八届中央政治局第二次集体学习时的讲话》（2012 年 12 月 31 日）

习近平总书记指出，改革开放是我国经济社会发展的动力，是决定当代中国命运的关键一招。不断扩大对外开放、提高对外开放水平，以开放促改革、促发展，是我国发展不断取得新成

[1]《努力成为世界主要科学中心和创新高地》（2018年5月28日），《习近平谈治国理政》第三卷，外文出版社2020年6月版，第251页。

就的重要法宝。开放带来进步，封闭导致落后，这已为世界和我国发展实践所证明[1]。我国提出建设开放型经济新体制，一个重要目的就是通过开放促进自身加快制度建设、法规建设，改善营商环境和创新环境，降低市场运行成本，提高运行效率，提升国际竞争力。外商投资推动了资源合理配置，促进了市场化改革，对我国经济发展发挥了重要作用。推进供给侧结构性改革，实现经济向更高形态发展，跟上全球科技进步步伐，都要继续利用好外资[2]。

习近平总书记指出，要加快完善社会主义市场经济制度，营造稳定公平透明、可预期的营商环境。要加快放开育幼养老、建筑设计、会计审计、商贸物流、电子商务，以及一般制造业和服务业等竞争性领域对外资准入限制和股比限制。要尽快在全国推行自由贸易试验区试行过的外商投资负面清单。要加快统一内外资法律法规，制定新的外资基础性法律。要清理涉及外资的法律法规、政策文件，凡是同国家对外开放大方向和大原则不符的法律法规或条款，要限期废止或修订。外资企业准入后按照公司法依法经营，要做到法律上平等、政策上一致，实行国民待遇。北京、上海、广州、深圳等特大城市要率先加大营商环境改革力

[1] 在十八届中央政治局第十九次集体学习时的讲话（2014年12月5日），《人民日报》2014年12月6日。
[2] 在中央财经领导小组第十六次会议上的讲话（2017年7月17日），《人民日报》2017年7月18日。

度。要清理并减少各类检查和罚款，建立涉企收费目录清单制度，严禁越权收费、超标准收费、自设收费项目、重复收费，杜绝中介机构利用政府影响违规收费，行业协会不得强制企业入会或违规收费[1]。

习近平总书记的重要论述表明，全面深化改革与全面提升开放型经济水平辩证统一、协同联动，改革和开放不可分割，二者统一于建立和完善社会主义市场经济体制的实践之中。开放推动改革深化，而通过国内改革创新体制和政策，也能够不断创造对外开放的条件和环境，提升对外开放的广度和深度，提高对外开放的水平，改革与开放相互促进、相得益彰。习近平总书记的重要论述，为正确处理改革与开放的关系奠定了坚实的理论基础，是中国共产党改革开放理论创新的集中体现。

三、经济体制改革实践的深刻理论总结

经过二十多年实践，我国社会主义市场经济体制不断发展，但仍然存在不少问题，仍然存在不少束缚市场主体活力、阻碍市场和价值规律充分发挥作用的弊端。这些问题不解决好，完善的社会主义市场经济体制是难以形成的，转变发展方式、调整经济结构也是

[1] 在中央财经领导小组第十六次会议上的讲话（2017年7月17日），《人民日报》2017年7月18日。

难以推进的。

——《在十八届中央政治局第十五次集体学习时的讲话》(2014 年 5 月 26 日)

习近平总书记指出，要学习掌握认识和实践辩证关系的原理，坚持实践第一的观点，不断推进实践基础上的理论创新；要根据时代变化和实践发展，不断深化认识，不断总结经验，不断实现理论创新和实践创新良性互动，在这种统一和互动中发展21世纪中国的马克思主义[1]。习近平新时代中国特色社会主义思想是在当代中国改革开放和社会主义现代化建设伟大实践基础上形成和发展起来的，是植根于当代中国实践基础上的中国化的马克思主义理论。

党的十八大以来，以习近平同志为核心的党中央深刻总结改革开放以来我国不断探索、建立和完善中国特色社会主义制度的实践经验，准确把握中国特色社会主义的历史新方位，作出“坚持适应把握引领经济发展新常态，立足大局，把握规律”“坚持使市场在资源配置中起决定性作用，更好发挥政府作用”“坚持适应我国经济发展主要矛盾变化完善宏观调控，把推进供给侧结构性改革作为经济工作的主线”等一系列重要论述，推动发挥经济体制改革尤其是社会主义市场经济体制改革对其他领域改革的重要牵引和带动作

[1] 在十八届中央政治局第二十次集体学习时的讲话(2015年1月23日)，《人民日报》2015年1月24日。

用。习近平总书记的重要论述植根于我国经济建设实际，深刻体现了问题导向、目标导向、结果导向的有机结合，是推动我国经济发展实践的理论结晶，具有重大实践指导意义，充分展现了中国共产党对社会主义市场经济发展规律的认识不断深化、思想不断更新、理论不断成熟、改革不断深入的探索过程。

第二节

丰富和发展了中国特色社会主义理论体系

提出使市场在资源配置中起决定性作用，是我们党对中国特色社会主义建设规律认识的一个新突破，是马克思主义中国化的一个新的成果，标志着社会主义市场经济发展进入了一个新阶段。

——《在十八届中央政治局第十五次集体学习时的讲话》(2014 年 5 月 26 日)

坚持和发展中国特色社会主义，是改革开放以来中国共产党全部理论和实践的主题。习近平总书记关于加快完善社会主义市场经济体制重要论述，既体现了市场决定资源配置的一般规律和以等价交换为基础的市场经济制度的一般规定，又体现了社会主义经济的特殊规律以及中国共产党领导和社会主义制度的特殊规定，推动中国特色社会主义理论体系不断丰富和发展。

一、进一步深化和发展了对社会主义基本经济制度的认识，标志着我国社会主义经济制度更加成熟定型

党的十八大以来，以习近平同志为核心的党中央围绕新时代如何坚持和完善我国社会主义基本经济制度，在理论和实践的结合中深入探索，取得一系列新的重要理论和实践成果。着眼于新的实践和发展需要，党的十九届四中全会将“公有制为主体、多种所有制经济共同发展”“按劳分配为主体、多种分配方式并存”“社会主义市场经济体制”等作为社会主义基本经济制度，这既充分体现了社会主义制度优越性，又同我国社会主义初级阶段基本国情相适应，是党和人民立足现实、面向未来的重大实践和创造。这一重要的新概括表明，社会主义基本经济制度在中国的表现形式和运行机制就是社会主义市场经济，只有实行社会主义市场经济，把社会主义和市场经济很好地结合起来，才能够处理好生产力与生产关系的关系，处理好经济基础和上层建筑的关系。这是对我国改革开放理论和实践创新重要成果的系统总结，也是对马克思主义政治经济学在基本经济制度方面的发展和创新。

二、进一步坚定了社会主义市场经济改革方向，为从广度和深度上推动经济体制改革举旗定向

我们要坚持社会主义市场经济改革方向，从广度和深度上推进市场化改革，减少政府对资源的直接配置，减少政府对微观经济活动的直接干预，加快建设统一开放、竞争有序的市场体系，建立公平开放透明的市场规则，把市场机制能有效调节的经济活动交给市场，把政府不该管的事交给市场，让市场在所有能够发挥作用的领域都充分发挥作用，推动资源配置实现效益最大化和效率最优化，让企业和个人有更多活力和更大空间去发展经济、创造财富。

——《在十八届中央政治局第十五次集体学习时的讲话》（2014 年 5 月 26 日）

习近平总书记多次指出，经济体制改革是全面深化改革的重点，经济体制改革的核心问题仍然是处理好政府和市场关系。加快完善社会主义市场经济体制，是我国深化经济体制改革、完善社会主义基本经济制度的客观要求和必然选择。处理好政府和市场关系，实际上就是要处理好在资源配置中市场起决定性作用还是政府起决定性作用这个问题。发展社会主义市场经济，既要发挥市场作用，也要发挥政府作用，但市场作用和政府作用的职能

是不同的。经过二十多年实践，我国社会主义市场经济体制已经初步建立，但仍存在不少问题，主要是市场秩序不规范，以不正当手段谋取经济利益的现象广泛存在；生产要素市场发展滞后，要素闲置和大量有效需求得不到满足并存；市场规则不统一，部门保护主义和地方保护主义大量存在；市场竞争不充分，阻碍优胜劣汰和结构调整，等等。这些问题不解决好，完善的社会主义市场经济体制是难以形成的。理论和实践都证明，市场配置资源是最有效率的形式。市场决定资源配置是市场经济的一般规律，市场经济本质上就是市场决定资源配置的经济。健全社会主义市场经济体制必须遵循这条规律，着力解决市场体系不完善、政府干预过多和监管不到位问题[1]。

习近平总书记的重要论述，更加明确地反映了党和国家坚定不移推进市场经济体制改革的意志和决心。2020年5月，中共中央、国务院印发《关于新时代加快完善社会主义市场经济体制的意见》，为在更高起点、更高层次、更高目标上推进经济体制改革及其他各方面体制改革，构建更加系统完备、更加成熟定型的高水平社会主义市场经济体制指明了方向。

[1]《关于〈中共中央关于全面深化改革若干重大问题的决定〉的说明》（2013年11月9日），《十八大以来重要文献选编》（上），中央文献出版社2014年版，第498—500页。

三、进一步推动了社会主义制度和市场经济有机结合，有利于更好发挥社会主义制度优越性

习近平总书记指出，事实表明，只要坚持中国共产党领导，只要坚持公有制为主体、多种所有制经济共同发展，只要坚持公有制主体地位不动摇、国有经济主导作用不动摇，社会主义制度的优越性不但不会削弱，而且会不断增强，中国共产党的执政基础不但不会动摇，而且会更加稳固[1]。社会主义基本制度和市场经济有机结合、公有制经济和非公有制经济共同发展，是中国共产党推动解放和发展社会生产力的伟大创举。习近平总书记的重要论述和改革开放实践表明，把社会主义市场经济体制作为社会主义基本经济制度的组成部分，进一步推动了社会主义制度和市场经济有机结合，有利于更好发挥社会主义制度优越性。

[1]《深刻认识做好新形势下统战工作的重大意义》（2015年5月18日），《十八大以来重要文献选编》（中），中央文献出版社2016年版，第559页。

第三节

新时代深化经济体制改革和推动高质量发展的科学指南

习近平总书记关于加快完善社会主义市场经济体制的重要论述，对当前和今后一个时期深化经济体制改革、加快完善社会主义市场经济体制进行顶层设计和系统擘画，是新时代深化经济体制改革的根本遵循，也是建设现代化经济体系和推动高质量发展的行动指南。

一、坚持持续深化经济体制改革，更好推动生产关系同生产力、上层建筑同经济基础相适应

我们也突出强调了要以经济建设为中心、发挥经济体制改革牵

引作用。这就是说，要把握住我国现阶段社会基本矛盾的主要方面，重点是发展。只有紧紧围绕发展这个第一要务来部署各方面改革，以解放和发展社会生产力为改革提供强大牵引，才能更好推动生产关系与生产力、上层建筑与经济基础相适应。我国改革开放以来的实践充分证明，紧紧扭住解放和发展社会生产力，就能为其他各方面改革提供强大推动，影响其他各个方面改革相应推进。

——《在十八届中央政治局第十一次集体学习时的讲话》（2013年12月3日）

习近平总书记在纪念马克思诞辰200周年大会上发表重要讲话时指出，学习马克思，就要学习和实践马克思主义关于生产力和生产关系的思想；我们要勇于全面深化改革，自觉通过调整生产关系激发社会生产力发展活力，自觉通过完善上层建筑适应经济基础发展要求，让中国特色社会主义更加符合规律地向前发展。

我国经济体制改革的目标就是建立社会主义市场经济体制，实质上是对生产关系的重大调整。当前，必须把发展作为党执政兴国的第一要务。只有紧紧围绕发展这个第一要务来部署各方面改革，以解放和发展社会生产力为改革提供强大牵引，才能更好地推动生产关系与生产力、上层建筑与经济基础相适应。习近平总书记的重要论述，是对马克思主义关于生产力和生产关系思想的继承和发展，并将这一思想在经济体制改革的伟大实践中进行了充分应用，又在实践基础上，对原有理论进行了重大创新。

二、坚持以改革促发展，更好适应新时代对高质量发展提出的新要求

要紧紧围绕使市场在资源配置中起决定性作用和更好发挥政府作用深化经济体制改革，加快形成引领经济发展新常态的体制机制和发展方式，加快推进有利于实现创新发展、协调发展、绿色发展、开放发展、共享发展的改革，加快推进有利于提高资源配置效率、提高发展质量和效益的改革，加快推进有利于充分调动各方面积极性的改革，加快推进有利于国家治理体系和治理能力现代化的改革。

——《以新的发展理念引领发展，夺取全面建成小康社会决胜阶段的伟大胜利》（2015 年 10 月 29 日）

习近平总书记指出，我国经济已由高速增长阶段转向高质量发展阶段，正处在转变发展方式、优化经济结构、转换增长动力的攻关期。全党要牢牢把握社会主义初级阶段这个最大国情，牢牢立足社会主义初级阶段这个最大实际。发展仍然是解决中国一切问题的关键，要加快推进实现创新发展、协调发展、绿色发展、开放发展、共享发展，解决前进道路上的困难和问题，关键在于全面深化改革。我国经济发展要从追求规模、速度转向更加注重质量、效率，从“铺摊子”转向“上台阶”，从要素驱动转向创新驱动和提

升全要素生产率。推动高质量发展，实现经济发展质量变革、效率变革、动力变革，是实现我国发展战略目标的关键所在，是未来一段时期深化经济体制改革的方向所在。这些重要论述进一步明确，在社会主义初级阶段，必须立足基本国情，始终坚持以经济建设为中心，持续不断深化经济体制改革，不断解放和发展社会生产力，推动高质量发展，不断增强综合国力和国际竞争力。

在社会主义初级阶段，制约经济发展方式转变、高质量发展的体制机制障碍还比较多，社会主义市场经济体制还不够成熟、不够完善。加快完善社会主义市场经济体制，是进一步解放和发展生产力、推动高质量发展的必然选择。我们必须强化问题导向，坚决破除一切不合时宜的思想观念和体制机制弊端，突破利益固化的藩篱，激发全社会创造力和发展活力。要在各方面形成一整套更加成熟、更加定型的制度，把社会主义制度优势充分发挥出来。

三、坚持以改革惠民生，更好满足人民群众对美好生活的新期待

改革既要往有利于增添发展新动力方向前进，也要往有利于维护社会公平正义方向前进，注重从体制机制上推进供给侧结构性改革，着力解决制约经济社会发展的体制机制问题；把以人民为中心的发展思想体现在经济社会发展各个环节，做到老百姓关心什么、期盼什么，改革就要抓住什么、推进什么，通过改革给人民群众带

来更多获得感。

——在中央全面深化改革领导小组第二十三次会议上的讲话要点（2016 年 4 月 18 日）

中国特色社会主义进入新时代，我国社会主要矛盾已经转化为人民日益增长的美好生活需要和不平衡不充分的发展之间的矛盾。习近平总书记指出，人民群众什么方面感觉不幸福、不快乐、不满意，我们就在哪方面下功夫。民之所盼，政之所向。增进民生福祉是发展的根本目的。民生工作面广量大，具有稳定性、连续性、累积性等特点。要有坚持不懈的韧劲，一件接着一件办，不要“贪多嚼不烂”，不要“狗熊掰棒子”。量力而行，实事求是，有多大能力就办多大事情，决不能脱离实际。习近平总书记的重要论述深刻体现了以人民为中心的发展思想，要求坚持问题导向，善于从群众关注的焦点、百姓生活的难点中寻找改革切入点，对推动经济体制改革更好服务于民生改善具有重大的实践指导意义。

第二章

学习贯彻习近平总书记关于加快完善社会主义市场经济体制重要论述的深刻体会

党的十八大以来，以习近平同志为核心的党中央把马克思主义政治经济学基本原理同中国特色社会主义的实践相结合，对加快完善社会主义市场经济体制的正确方向、核心问题、目标要求、重点任务、正确方法等进行了系统论述。我们必须全面系统地学习好、领会好习近平总书记的有关重要论述，准确把握丰富内涵，用以指导深化经济体制改革、加快完善社会主义市场经济体制的实践。

第一节

坚持和加强党的全面领导，是加快完善社会主义市场经济体制的根本政治保证

在我国，党的坚强有力领导是政府发挥作用的根本保证。在全面深化改革过程中，我们要坚持和发展我们的政治优势，以我们的政治优势来引领和推进改革，调动各方面积极性，推动社会主义市场经济体制不断完善、社会主义市场经济更好发展。

——《在十八届中央政治局第十五次集体学习时的讲话》（2014 年 5 月 26 日）

习近平总书记强调，党的领导是中国特色社会主义最本质的特征，是中国特色社会主义制度的最大优势。党政军民学，东西南北中，党是领导一切的，是最高的政治领导力量。坚持党的领导，发

挥党总揽全局、协调各方的领导核心作用，是我国社会主义市场经济体制的一个重要特征。在全面深化改革过程中，我们要坚持和发展我们的政治优势，以我们的政治优势来引领和推进改革，调动各方面积极性，推动社会主义市场经济体制不断完善、社会主义市场经济更好发展。实践证明，加强党的集中统一领导，是艰巨复杂的改革工作得以顺利推进的根本政治保证，是全面深化改革取得成功的关键。坚持和完善党的领导，是党和国家的根本所在、命脉所在，是全国各族人民的利益所在、幸福所在。要深刻把握理解党的领导制度是国家的根本领导制度，切实发挥党的领导核心作用，把党的领导贯彻和体现到经济体制改革的各领域全过程。

一、党的领导为全面深化改革提供坚强政治保障

习近平总书记强调，推进改革的目的是要不断推进我国社会主义制度自我完善和发展，赋予社会主义新的生机活力。这里最核心的是坚持和改善党的领导、坚持和完善中国特色社会主义制度，偏离了这一条，那就南辕北辙了。党的十八大以来，面对艰巨复杂的改革任务，以习近平同志为核心的党中央举旗定向，以巨大的政治勇气和智慧推进全面深化改革，力度之大前所未有。党的十八届三中全会以后，成立中央全面深化改革领导小组，习近平总书记亲自担任组长。2018年3月，为加强党中央对涉及党和国家事业全局的重大工作的集中统一领导，强化决策和统筹协调职责，将中央全面

深化改革领导小组改为中央全面深化改革委员会，习近平总书记亲自担任主任，运筹帷幄、总揽全局，亲力亲为谋划指导改革的顶层设计、总体布局，统筹协调、整体推进、督促落实。中央全面深化改革委员会下设专项改革领导小组，形成了集中统一的改革领导体制、务实高效的统筹决策机制、上下联动的协调推进机制、有力有序的督办落实机制。在地方层面，党的十八届三中全会后，各省、市、县三级相应成立深改组（深改委）、专项小组和改革办，并由各级党委主要负责同志担任组长（主任）。党领导改革的组织机构不断完善，增强了改革决策的权威性、科学性、有效性，有效解决了长期存在的政出多门、相互掣肘等问题。

习近平总书记亲自领导、亲自谋划、亲自部署、亲自推动改革，截至2020年6月，先后主持召开40次中央全面深化改革领导小组会议、14次中央全面深化改革委员会会议，统筹谋划、前后接续、梯次推进各项改革部署。从中央到地方形成了一整套统筹协调、分解任务、落实责任、督促监督的工作机制。各地区各部门按照党中央统一部署，大力推进各个领域改革，改革的力度和广度都是空前的。

实践证明，加强党对全面深化改革的集中统一领导，是艰巨复杂的改革工作得以顺利推进的根本政治保证，是全面深化改革取得成功的关键。将全面深化改革进行到底，必须充分发挥党总揽全局、协调各方的领导核心作用，必须把准政治方向、政治立场、政治定位、政治大局，坚持走中国特色社会主义道路不动摇，确保改革开放始终沿着正确道路前进。

二、党的领导为全面深化改革明确了前进方向

习近平总书记指出，党的十一届三中全会是划时代的，开启了改革开放和社会主义现代化建设历史新时期。党的十八届三中全会开启了全面深化改革、系统整体设计推进改革的新时代，开创了我国改革开放的全新局面[1]。党的十八届三中全会对全面深化改革作出顶层设计和重大部署，明确全面深化改革的总目标是完善和发展中国特色社会主义制度、推进国家治理体系和治理能力现代化。

党的十九大作出到本世纪中叶把我国建成富强民主文明和谐美丽的社会主义现代化强国的战略部署，其中制度建设和治理能力建设的目标是：到2035年，"各方面制度更加完善，国家治理体系和治理能力现代化基本实现"；到本世纪中叶，"实现国家治理体系和治理能力现代化"。党的十九届二中、三中全会分别就修改宪法和深化党和国家机构改革作出部署，在制度建设和治理能力建设上迈出重大步伐。

党的十九届三中全会指出，我们党要更好领导人民进行伟大斗争、建设伟大工程、推进伟大事业、实现伟大梦想，必须加快推进

[1] 在中央全面深化改革委员会第六次会议上的讲话（2019年1月23日），《人民日报》2019年1月24日。

国家治理体系和治理能力现代化，努力形成更加成熟更加定型的中国特色社会主义制度。这是摆在我们党面前的一项重大任务。

党的十九届四中全会通过《中共中央关于坚持和完善中国特色社会主义制度推进国家治理体系和治理能力现代化若干重大问题的决定》，全面总结了党领导人民在我国国家制度建设和国家治理方面取得的成就、积累的经验、形成的原则，阐述了坚持和完善支撑中国特色社会主义制度的根本制度、基本制度、重要制度，提出与时俱进完善和发展的前进方向和工作要求，部署需要深化的重大体制机制改革、需要推进的重点工作任务。

这一系列重大决策部署，既保持了目标指向一以贯之，又保持了重大任务接续递进，为推进全面深化改革明确了前进方向。

三、党的领导为重点领域和关键环节改革谋篇布局

习近平总书记指出，现在要做的是，推动各项改革向制度更加成熟更加定型靠拢，让各项改革相得益彰、发生化学反应。要注重同中国特色社会主义根本制度、基本制度、重要制度对标对表，理清工作思路和工作抓手，要在精准谋划、精准实施上下足功夫，改革解决什么问题、什么时候推出、对制度建设有什么作用都要做到心中有数。要把握不同改革的特点性质，坚持出台方案、健全机制、推进落实一起抓。落实改革方案要因地制宜、有的放矢，不搞

上下“一般粗”，不搞“一刀切”[1]。

党的十八届三中全会以来，中央全面深化改革委员会（全面深化改革领导小组）会议审议通过了一系列改革文件，为重点领域和关键环节改革作出顶层设计和重大部署。如在国资国企改革方面，审议通过了《关于国有企业功能界定与分类的指导意见》《国务院国资委以管资本为主推进职能转变方案》《国企改革三年行动方案（2020—2022年）》等文件。在支持民营经济发展方面，审议通过《关于进一步激发和保护企业家精神的意见》《关于营造更好发展环境支持民营企业改革发展的意见》等文件。在保护产权方面，审议通过了《关于统筹推进自然资源资产产权制度改革的指导意见》《关于完善产权保护制度依法保护产权的意见》《关于强化知识产权保护的意见》等文件。在要素市场改革方面，审议通过了《关于进一步推进户籍制度改革的意见》《关于促进劳动力和人才社会性流动体制机制改革的意见》《关于构建更加完善的要素市场化配置体制机制的意见》《深化农村宅基地制度改革试点方案》等文件。在垄断行业改革方面，审议通过了《关于深化石油天然气体制改革的若干意见》《石油天然气管网运营机制改革实施意见》《关于进一步深化电力体制改革的若干意见》等文件。这些重要文件的出台实施接续用力，推动经济体制改革不断向纵深发展。

---

[1] 在中央全面深化改革委员会第十一次会议上的讲话（2019年11月26日），《人民日报》2019年11月27日。

四、党的坚强领导确保各项改革任务落到实处

中央和国家机关有关部门是改革的责任主体，是推进改革的重要力量。各部门要坚决贯彻落实党中央决策部署，坚持以解放思想、解放和发展生产力、解放和增强社会活力为基本取向，强化责任担当，以自我革命的精神推进改革，坚决端正思想认识，坚持从改革大局出发，坚定抓好改革落实。

——在中央全面深化改革领导小组第二十八次会议上的讲话要点（2016 年 10 月 11 日）

党政主要负责同志是抓改革的关键，要把改革放在更加突出的位置来抓，不仅亲自抓、带头抓，还要勇于挑最重的担子、啃最硬的骨头，做到重要改革亲自部署、重大方案亲自把关、关键环节亲自协调、落实情况亲自督察，扑下身子，狠抓落实。

——在中央全面深化改革领导小组第三十二次会议上的讲话要点（2017 年 2 月 6 日）

各级主要负责同志要自觉从全局高度谋划推进改革，做到实事求是、求真务实，善始善终、善作善成，把准方向、勇于担当，亲力亲为、抓实工作。

——在中央全面深化改革领导小组第三十三次会议上的讲话要点（2017 年 3 月 24 日）

习近平总书记在中央全面深化改革领导小组第一次会议上指出，全面深化改革，我们具备有利条件，具备实践基础，具备理论准备，也具备良好氛围，要把握大局、审时度势、统筹兼顾、科学实施，充分调动各方面积极性，坚定不移朝着全面深化改革目标前进[1]。在中央全面深化改革领导小组第二十六次会议上，习近平总书记强调要抓好改革督察工作，并指出改革是一场革命，必须有坚忍不拔的毅力，以真抓促落实、以实干求实效。各地区各部门要以更大的决心和气力抓好改革督察工作，既要督任务、督进度、督成效，也要察认识、察责任、察作风，确保党中央确定的改革方向不偏离、党中央明确的改革任务不落空，使改革精准对接发展所需、基层所盼、民心所向[2]。

督任务，就是要督促地方和部门按照党中央要求谋划改革任务，既看方向准不准，又看任务实不实，是不是能够结合实际，真正解决问题。督进度，就是要根据改革的阶段性目标和时间表、路线图，既督促改革方案及时出台、抓紧落实，又督察相关改革任务配套跟进，抓好进度统筹，加强政策衔接。督成效，就是要把改革举措放到实践中去检验，让基层来评判，让群众来打分，看改革是否促进经济社会发展，是否促进社会公平正义，是否给人民群众带

[1] 在中央全面深化改革领导小组第一次会议上的讲话（2014年1月22日），《人民日报》2014年1月23日。
[2] 在中央全面深化改革领导小组第二十六次会议上的讲话（2016年7月22日），《人民日报》2016年7月23日。

来获得感。察认识，就是要看思想工作有没有做深入，广大党员、干部特别是领导干部有没有从党和国家工作大局出发认识和理解改革、关心和支持改革，是不是自觉站在改革全局高度正确看待局部利益关系调整，形成推进改革的思想自觉和行动自觉。察责任，就是要看改革主体责任是不是划分清楚，有没有理解到位、落实到位，是不是做到了各司其职、各负其责又相互协作。察作风，就是要对照“三严三实”要求，督察各级干部特别是领导干部是不是坚持实事求是、求真务实，是不是以改革促进派、实干家的标准要求自己，以严和实的作风谋划改革、落实改革。

习近平总书记在中央全面深化改革委员会第一次会议上指出，全面深化改革进入了一个新阶段，改革将进一步触及深层次利益格局的调整和制度体系的变革，改革的复杂性、敏感性、艰巨性更加突出，要加强和改善党对全面深化改革统筹领导，紧密结合深化机构改革推动改革工作[1]。正是在党中央坚强领导和有力推动下，重要领域和关键环节的改革取得决定性成果，主要领域改革主体框架基本确立，改革呈现全面发力、多点突破、蹄疾步稳、纵深推进的局面。

[1] 在中央全面深化改革委员会第一次会议上的讲话（2018年3月28日），《人民日报》2018年3月29日。

第二节

坚持社会主义市场经济改革方向，是加快完善社会主义市场经济体制的基本遵循

坚持社会主义市场经济改革方向，不仅是经济体制改革的基本遵循，也是全面深化改革的重要依托。使市场在资源配置中发挥决定性作用，主要涉及经济体制改革，但必然会影响到政治、文化、社会、生态文明和党的建设等各个领域。要使各方面体制改革朝着建立完善的社会主义市场经济体制这一方向协同推进，同时也使各方面自身相关环节更好适应社会主义市场经济发展提出的新要求。

——《切实把思想统一到党的十八届三中全会精神上来》(2013年11月12日)

使市场在资源配置中起决定性作用，是深化经济体制改革的

主线。

——《在十八届中央政治局第三十八次集体学习时的讲话》（2017年1月22日）

习近平总书记就如何全面深化改革，尤其是如何发挥经济体制改革的牵引作用，提出一系列新思想新观点新论断。习近平总书记指出，坚持社会主义市场经济改革方向，不仅是经济体制改革的基本遵循，也是全面深化改革的重要依托，并指出“使市场在资源配置中起决定性作用，是深化经济体制改革的主线”。这是新时代中国共产党关于改革开放理论的重大创新性发展，明确了经济体制改革的方向和主线，同时也突出了改革的系统集成、协同高效要求，体现了鲜明的问题导向和实践特色。

一、推进改革开放的目的是坚持和发展中国特色社会主义制度

习近平总书记多次强调，我们推进改革开放的目的是坚持和发展中国特色社会主义，而不是要搞其他什么主义；改什么、怎么改必须以是否符合完善和发展中国特色社会主义制度、推进国家治理体系和治理能力现代化的总目标为根本尺度，该改的、能改的我们坚决改，不该改的、不能改的坚决不改，决不能在根本性问题上出现颠覆性错误。党的十八届三中全会提出，全面深化改革的总目标

是完善和发展中国特色社会主义制度、推进国家治理体系和治理能力现代化。这是中国共产党第一次提出全面深化改革的目标，是第一次将改革的目标上升到国家治理层面，体现了以改革完善制度、以制度推进治理的系统逻辑。全面深化改革要求系统推进所有领域改革，在中国特色社会主义制度的完善和发展上形成总体效应，取得总体效果，体现了目标的全面、领域的全面、链条的全面。

二、深化经济体制改革必须坚持社会主义市场经济改革方向

提出建立社会主义市场经济体制的改革目标，是中国共产党在建设中国特色社会主义进程中的一个重大理论和实践创新，解决了世界上其他社会主义国家长期没有解决的一个重大问题。在社会主义条件下发展市场经济，是中国共产党的一个伟大创举。

市场机制是配置资源的最有效方式，在社会主义条件下发展市场经济，就是在坚持中国特色社会主义制度的前提下，大力发展市场经济，构建“公平竞争、优胜劣汰”的市场经济发展格局。改革开放以来，我国经济发展获得巨大成功的关键因素，就是我们既发挥了市场经济的长处，又发挥了社会主义制度的优越性。把市场经济和社会主义制度有机结合起来，能够有效发挥市场经济的优势，充分调动各方面的积极因素，激发市场活力，提高经济效率，把“蛋糕”不断做大；同时又能发挥社会主义制度的独特优势，协调

各方关系，保护各方利益，把“蛋糕”分好，最终实现共同富裕。社会主义市场经济体制能够兼顾长远和当前、集体和个人、效率和公平、自由和秩序、自主和开放，让社会主义制度的优越性得到更完全、更充分的发挥。

我国改革开放的伟大实践证明，在公有制为主体的基础上可以建立市场经济体制，社会主义市场经济体制既借鉴西方经济学指导资本主义市场经济运行中的合理方法和手段，又坚持以公有制为主体、多种所有制经济共同发展，牢牢守住社会主义的本质，这符合中国国情，更有利于资源的高效配置，极大解放和发展了生产力，在改革开放实践中彰显巨大优势。

三、把社会主义市场经济体制纳入社会主义基本经济制度，是理论和认识上的新提升

我国社会主义基本经济制度的形成、发展和完善，体现了在改革开放的实践中党的制度创新和理论创新。党的十四大报告明确提出，“我国经济体制改革的目标是建立社会主义市场经济体制”“在所有制结构上，以公有制包括全民所有制和集体所有制经济为主体，个体经济、私营经济、外资经济为补充，多种经济成分长期共同发展”“在分配制度上，以按劳分配为主体，其他分配方式为补充”。党的十五大报告提出，“公有制为主体、多种所有制经济共同发展，是我国社会主义初级阶段的一项基本经

济制度”“非公有制经济是我国社会主义市场经济的重要组成部分”“坚持按劳分配为主体、多种分配方式并存的制度”。党的十六大报告强调，必须毫不动摇地巩固和发展公有制经济，必须毫不动摇地鼓励、支持和引导非公有制经济发展。党的十七大报告强调，坚持和完善公有制为主体、多种所有制经济共同发展的基本经济制度，毫不动摇地巩固和发展公有制经济，毫不动摇地鼓励、支持、引导非公有制经济发展；要坚持和完善按劳分配为主体、多种分配方式并存的分配制度，健全劳动、资本、技术、管理等生产要素按贡献参与分配的制度。

党的十八大报告指出，要加快完善社会主义市场经济体制，完善公有制为主体、多种所有制经济共同发展的基本经济制度，完善按劳分配为主体、多种分配方式并存的分配制度；要毫不动摇巩固和发展公有制经济，毫不动摇鼓励、支持、引导非公有制经济发展；完善劳动、资本、技术、管理等要素按贡献参与分配的初次分配机制。党的十八届三中全会强调“两个毫不动摇”，并明确指出，公有制为主体、多种所有制经济共同发展的基本经济制度，是中国特色社会主义制度的重要支柱，也是社会主义市场经济体制的根基。公有制经济和非公有制经济都是社会主义市场经济的重要组成部分，都是我国经济社会发展的重要基础。这一论断体现了公有制经济和非公有制经济在我国经济发展和促进就业等方面的作用，以及社会主义市场经济和基本经济制度之间相互支撑的关系。党的十九大报告强调，必须坚持和完善我国社会主义基本经济制度和分配制度，毫不动摇巩固和发展公有制经济，毫不动摇鼓励、支持、引导非公有制经济发展，使市场在资源配置中起决定性作用，更好发挥政府作用。

从所有制关系到生产关系，党的十九届四中全会全面深化和发展了社会主义基本经济制度的内涵。党的十九届四中全会首次将按劳分配为主体、多种分配方式并存和社会主义市场经济体制纳入我国社会主义基本经济制度，提出“公有制为主体、多种所有制经济共同发展，按劳分配为主体、多种分配方式并存，社会主义市场经济体制等社会主义基本经济制度”，标志着我国社会主义基本经济制度更加成熟、更加定型，也充分体现了社会主义基本经济制度的不断完善。“社会主义市场经济体制”与“公有制为主体、多种所有制经济共同发展”“按劳分配为主体、多种分配方式并存”相互联系、相互支撑、相互促进，内在统一于社会主义基本经济制度，是经济制度体系中具有长期性和稳定性的部分，对经济制度属性和经济发展方式有决定性影响。

第三节

坚持正确处理好政府和市场的关系，是加快完善社会主义市场经济体制的核心问题

深化经济体制改革，核心是处理好政府和市场关系，使市场在资源配置中起决定性作用和更好发挥政府作用。

——《在参加十二届全国人大四次会议上海代表团审议时的讲话》（2016 年 3 月 5 日）

习近平总书记强调，经济体制改革仍然是全面深化改革的重点，经济体制改革的核心问题仍然是处理好政府和市场关系。我国经济体制改革始终是围绕着正确认识与处理政府与市场关系这一核心问题展开的。从计划经济到有计划的商品经济，再到社会主义市场经济，我国经济体制改革进程取得重大进展，对市场在资源配置

中作用的认识不断深化。习近平总书记在党的十八届三中全会上强调，使市场在资源配置中起决定性作用和更好发挥政府作用。这一重要论述揭示了社会主义市场经济的本质要求，从理论上对政府与市场关系进一步作出新的定位。

一、必须充分发挥市场在资源配置中的决定性作用，推动资源配置实现效益最大化和效率最优化

习近平总书记指出，经济发展就是要提高资源尤其是稀缺资源的配置效率，以尽可能少的资源投入生产尽可能多的产品、获得尽可能大的效益。市场决定资源配置是市场经济的一般规律，市场经济本质上就是市场决定资源配置的经济。使市场在资源配置中起决定性作用，实质就是让价值规律、竞争和供求规律等市场经济规律在资源配置中起决定性作用。使市场在资源配置中起决定性作用，是中国共产党对市场规律认识的一次升华。这更加符合和适应现阶段完善社会主义市场经济体制和经济社会发展的客观要求，体现出既要遵循市场经济一般规律，又要从广度和深度上大力推进市场化改革，推动资源配置依据市场规则、市场价格、市场竞争实现效益最大化和效率最优化。

使市场在资源配置中起决定性作用，是以习近平同志为核心的党中央推进经济体制改革实践的重大创新。改革开放在实践上突破了计划经济体制的束缚，从计划经济到有计划的商品经济，再到社

会主义市场经济，市场的力量一步步得到释放。党的十二届三中全会第一次提出社会主义经济“是在公有制基础上的有计划的商品经济”的新论断。党的十四大提出建立社会主义市场经济体制的改革目标，并明确要使市场在国家宏观调控下对资源配置起基础性作用。在此之后，中国共产党一直在继续探索适应改革和发展客观实际变化要求的政府和市场的准确定位。党的十六大提出“在更大程度上发挥市场在资源配置中的基础性作用”。随着社会主义市场经济体制不断完善，市场对资源配置发挥着越来越重要的作用。凡是市场配置资源作用发挥比较好的领域，资源配置效率明显提高，经济发展充满活力；市场作用受到限制的领域，对资源的吸引力明显偏低，经济发展缺乏活力。对此，社会各方面也有相应共识。党的十八届三中全会首次提出“使市场在资源配置中起决定性作用和更好发挥政府作用”，将市场在资源配置中起基础性作用修改为起决定性作用，虽然只有两字之差，但对市场作用是一个全新的定位，更加坚决地强调市场作用的定位，是党在理论和实践上的又一重大推进。历史已经并将继续证明，党的十四大提出的建立社会主义市场经济体制是对生产力的一次大解放，党的十八届三中全会提出使市场在资源配置中起决定性作用是对生产力的又一次大解放。

使市场在资源配置中起决定性作用，是坚持社会主义市场经济改革方向的必然要求。改革是由问题倒逼而产生的，又在不断解决问题中得以深化。经过多年实践，我国社会主义市场经济体制不断发展，但仍然存在不少束缚市场主体活力、阻碍市场和价值规律充分发挥作用的问题。如市场体系不完善、市场规则不统一、市场秩序不规范、市场竞争不充分，政府权力过大、干预过多和监管不到位等问题。这些问题不解决好，完善的社会主义市场经济体制是难以形成的。作出“使市场在资源配置中起决定性作用”的定位，有利于在全党全社会树立关于政府和市场关系的正确观念，有利于转变经济发展方式，有利于转变政府职能，有利于抑制消极腐败现象。

二、必须更好发挥政府作用，实施科学的宏观调控和有效的政府治理

弥补市场失灵，创造良好环境，是保证市场经济健康发展的客观要求。市场在资源配置中起决定性作用，并不是起全部作用。市场不是万能的，市场仍然存在自发性、盲目性、滞后性，仅依靠市场容易带来一定的外部不经济和经济大幅波动，如果对经济大幅波动放任不管，就会造成经济运行较长时间偏离正常轨道，付出的代价会很大。发挥政府作用，是要弥补市场失灵，保持宏观经济稳定，加强和优化公共服务，保障公平竞争，加强市场监管，维护市场秩序，推动可持续发展，促进共同富裕，为市场有效配置资源和经济有序运行创造良好环境。

习近平总书记指出，我国实行的是社会主义市场经济体制，我们仍然要坚持发挥我国社会主义制度的优越性，发挥党和政府的积

极作用。习近平总书记指出，更好发挥政府作用，不是要更多发挥政府作用，而是要在保证市场发挥决定性作用的前提下，管好那些市场管不了或管不好的事情。合理定位政府职能，更好发挥政府作用，是处理好政府和市场关系的关键，明确了政府“应该做什么”和“不应该做什么”。凡是市场能做的事情都尽量让市场去做，只有市场做不了、做不好的事情才由政府来做。既要防范和化解市场失灵，也要防范和化解政府失灵。政府既要找准管理的边界，科学划定那些市场管不了或管不好的领域，又要提升管理效率，在市场不能解决、市场机制失效的领域高效发挥作用，切实把该放的放到位，该管的管理好。党的十八届三中全会明确，“政府的职责和作用主要是保持宏观经济稳定，加强和优化公共服务，保障公平竞争，加强市场监管，维护市场秩序，推动可持续发展，促进共同富裕，弥补市场失灵”，这会推动政府履职的又一次革命性转变。党的十九届四中全会强调，要优化政府职责体系，完善政府经济调节、市场监管、社会管理、公共服务、生态环境保护等职能，进一步明确了政府职能边界和重点，第一次系统合理定位了政府职能。

科学的宏观调控，有效的政府治理，是发挥社会主义市场经济体制优势的内在要求。我国是世界上最大的发展中国家，正处于并将长期处于社会主义初级阶段。在这样的条件下发展社会主义市场经济，必须更好发挥政府作用。在过去四十多年的改革中，我们在简政放权、扩大市场作用的同时，不是简单地认为政府管得越少越好，而是不断转变政府职能，切实把那些市场解决不了的问题承担起来。通过宏观调控，保持经济总量平衡，促进重大经济结构协调和生产力布局优化，减缓经济波动影响。新时代中国特色社会主义对宏观调控提出了新要求，宏观调控不仅聚焦于发展规模，而且更注重发展质量；不仅着眼于短期调控，而且更注重增强持续增长动力；不仅依赖于需求侧的总量收放，而且更注重供给侧的结构优化；不仅立足于政策性操作，而且更注重制度变革，为努力实现更高质量、更有效率、更加公平、更可持续、更为安全的发展发挥作用。

三、必须加强政府和市场作用的协调配合，统筹构建有效市场和有为政府制度体系

市场作用和政府作用是相辅相成、相互促进、互为补充的。要坚持使市场在资源配置中起决定性作用，完善市场机制，打破行业垄断、进入壁垒、地方保护，增强企业对市场需求变化的反应和调整能力，提高企业资源要素配置效率和竞争力。发挥政府作用，不是简单下达行政命令，要在尊重市场规律的基础上，用改革激发市场活力，用政策引导市场预期，用规划明确投资方向，用法治规范市场行为。

——《在十八届中央政治局第三十八次集体学习时的讲话》（2017年1月22日）

加强政府和市场作用的协调配合，是坚持辩证法、两点论的基本要求。使市场在资源配置中起决定性作用和更好发挥政府作用，二者是有机统一的，不是相互否定的，不能把二者割裂开来、对立起来。市场有效，是发挥政府作用的重要目的，也是政府有为的重要表现；政府有为，是市场机制有效、微观主体有活力的重要保证，也是弥补市场失灵的必然要求。在社会主义市场经济体制下，市场是“看不见的手”，在资源配置中发挥决定性作用；政府是“看得见的手”，主要是弥补市场失灵，进行科学的宏观调控和有效的政府治理，定好位、防越位、补缺位，在保证市场发挥决定性作用的前提下，管好那些市场管不了或管不好的事情。要继续在社会主义基本制度与市场经济的结合上下功夫，把两方面优势都发挥好，既要“有效的市场”，也要“有为的政府”。努力在实践中破解这道经济学上的世界性难题，构建相辅相成、相互促进、互为补充的市场作用和政府作用，进一步完善中国特色社会主义市场经济体制。

发挥好政府与市场两方面的优势，是我国经济发展获得巨大成功的一个关键因素。我们把社会主义制度和市场经济有机结合起来，既发挥了市场经济的长处，又发挥了社会主义制度的优越性，这也是我国国家制度和国家治理体系的显著优势之一。

实现有效市场和有为政府在多层面的相互耦合，是加快完善社会主义市场经济体制的应有之义。在激发市场活力上，坚持权利平等、机会平等、规则平等，促进各类所有制企业公平竞争，发展混合所有制经济，实行“放管服”改革，深化商事制度改革，推动政府职能转变。在促进公平竞争上，着力清除市场壁垒，建立公平竞争审查制度，加强和改进反垄断和反不正当竞争执法，促进和保护竞争，强化竞争政策基础地位，以竞争政策为基础来协调相关政策。在要素市场建设上，推进要素市场化配置改革，扩大要素市场化配置的范围，完善政府对要素市场的调节和监管，实现要素价格市场决定、流动自主有序、配置高效公平。在市场准入上，实行负面清单准入管理方式，各类市场主体可依法平等进入清单之外领域，凡属市场能发挥作用的，政府不进行不当干预，体现了在政府与市场关系上思维方式和行为的重要转变。

第四节

坚持解放和发展社会生产力，是加快完善社会主义市场经济体制的根本目的

习近平总书记指出，我们推进改革的根本目的，是要让国家变得更加富强、让社会变得更加公平、让人民生活得更加美好。解放和发展生产力是社会主义的本质要求，是加快完善社会主义市场经济体制的根本目的。改革不是目的，是促进发展的动力和保障。要深刻认识经济体制改革与经济发展之间的内在联系和辩证关系。

一、必须做到使改革服务于发展、经济体制改革服务于经济发展

经济体制改革与经济发展两者相互联系、不可分割，经济体制

改革要服务于经济发展目标。从党的十四大明确经济体制改革的目标是建立社会主义市场经济体制以来，历次党的代表大会都对经济改革与经济发展的内在联系有精辟的论述。党的十四大报告提出，我国经济体制改革的目标是建立社会主义市场经济体制，以利于进一步解放和发展生产力。党的十五大报告提出，我们要积极推进经济体制和经济增长方式的根本转变。党的十六大报告提出，完善社会主义市场经济体制，推动经济结构战略性调整。党的十七大报告提出，实现未来经济发展目标，关键要在加快转变经济发展方式、完善社会主义市场经济体制方面取得重大进展。党的十八大报告提出全面建成小康社会和全面深化改革开放的目标，指出加快完善社会主义市场经济体制和加快转变经济发展方式，深化改革是加快转变经济发展方式的关键。党的十八届三中全会在全面深化改革的根本目的上提出“让一切劳动、知识、技术、管理、资本的活力竞相迸发，让一切创造社会财富的源泉充分涌流，让发展成果更多更公平惠及全体人民”，从改革视角对解放和发展社会生产力这一中国特色社会主义本质要求作出阐释。

二、必须做到围绕推动经济高质量发展，构建“三个有”的体制机制

习近平总书记强调，中国特色社会主义进入了新时代，我国经济发展也进入了新时代，基本特征就是我国经济已由高速增长阶段

转向高质量发展阶段。我们要深刻认识到，从高速增长转向高质量发展，既是一个发展方式和增长路径的转变过程，更是一个体制变革和机制创新的过程。推进质量变革、效率变革、动力变革，提高全要素生产率，是推动高质量发展的基本路径。加快建设实体经济、科技创新、现代金融、人力资源协同发展的产业体系，是推动高质量发展的着力点，其核心是让科技、金融、人力资源这三个要素更好地服务实体经济，要使科技创新在实体经济发展中的贡献份额不断提高，现代金融服务实体经济的能力不断增强，人力资源支撑实体经济发展的作用不断优化。

着力构建市场机制有效、微观主体有活力、宏观调控有度的经济体制，是推动高质量发展的制度保障。“三个有”是新形势下我们正确处理政府和市场关系的评价标准，也是我们追求的目标。对照构建现代化产业体系，我们在处理好政府和市场关系方面还有很多需要改进之处。有些应该管但还管得不够好，如知识产权保护；有些应该放但还放开得不够多，如破除垄断；还有些放了之后的后续监管还跟不上。这要求我们根据“三个有”的要求，通过进一步推进要素价格市场化改革、破除各种形式的垄断，使市场机制更有效地发挥作用；通过完善产权制度和要素市场化配置，突破束缚企业活力的体制机制，调动企业积极性，使微观主体更有活力；通过创新和完善宏观调控的理念和方式方法，统筹把握好各种政策工具的方向、力度和节奏，统筹好两个市场两种资源，不断提高宏观调控的科学性、有效性，合理把握宏观调控的度。

第五节

坚持完善产权制度和推进要素市场化配置，是加快完善社会主义市场经济体制的关键突破口

党的十九大报告中指出，经济体制改革必须以完善产权制度和要素市场化配置为重点，实现产权有效激励、要素自由流动、价格反应灵活、竞争公平有序、企业优胜劣汰。聚焦这两个重点谋篇布局，将进一步提高经济体制改革的深度和力度，有效破解经济体制中存在的根本问题，加快完善社会主义市场经济体制，显著增强我国经济发展的活力和动力。

一、完善产权制度，夯实社会主义市场经济的基石

习近平总书记强调，要加强产权和知识产权保护，形成长期稳

定发展预期。产权是经济所有制关系的法律表现形式。产权是所有制的核心。在所有制中，最重要的是财产关系或财产关系的法律形式，即财产所有权。产权的法律保护，是市场经济发展的基础。完善产权制度是坚持和完善基本经济制度的内在要求。2016年11月，《中共中央 国务院关于完善产权保护制度依法保护产权的意见》印发实施，明确了产权保护的重点任务。

健全的现代产权制度与完善产权保护制度互为前提和基础。产权是权责利的统一。只有产权归属清晰，才能有效形成一个明确的资产所有者的企业法人财产权，从而使企业成为承担民事责任的法人实体；也只有产权归属清晰，产权保护才能落到实处。经过四十多年改革，我国现代产权制度的主体框架初步确立，但是产权制度的完备度和成熟度还不够，在农村集体产权、自然资源资产产权、知识产权制度方面仍存在一些短板。因此，新时代的经济体制改革必须以完善产权制度为重点，健全归属清晰、权责明确、保护严格、流转顺畅的现代产权制度，实现产权有效激励。

公有制经济财产权不可侵犯，非公有制经济财产权同样不可侵犯。要加强对各类产权的司法保护，依法严肃查处各类侵权行为。只有夯实这个基础，才能实现各种所有制经济依法平等使用生产要素、公平参与市场竞争。在创新成为引领发展第一动力的今天，完善知识产权制度尤为重要，不仅要严格依法保护，还要在产权有效激励上实现突破。健全以公平为原则的产权保护制度，完善产权制度要着力加强产权保护，以公平为核心原则，依法保护各种所有制经济产权和合法利益，依法保护各种所有制经济组织和自然人财产权。

习近平总书记指出，加强知识产权保护是完善产权保护制度最重要的内容，也是提高中国经济竞争力最大的激励。加强知识产权保护，要实行以增加知识价值为导向的分配政策，探索对科研人员实施股权、期权和分红激励，发挥知识产权对科研人员的长期激励作用。

二、推进要素市场化配置改革，建设高标准市场体系

2016年12月，习近平总书记在中央经济工作会议上指出，要健全要素市场，使价格机制真正引导资源配置。2017年12月，习近平总书记在中央经济工作会议上指出，结构性矛盾的根源是要素配置扭曲，要彻底解决问题，根本途径是深化要素市场化配置改革。2018年底，习近平总书记在中央经济工作会议上指出，加快土地等要素市场化步伐，建立公平开放透明的市场规则和法治化营商环境，破除各类要素流动壁垒。党的十九大报告明确将要素市场化配置作为经济体制改革的两个重点之一。党的十九届四中全会进一步强调，推进要素市场制度建设，实现要素价格市场决定、流动自主有序、配置高效公平。习近平总书记关于推进要素市场化配置的重要论述指引要素市场改革不断深化。2020年3月，《中共中央 国务院关于构建更加完善的要素市场化配置体制机制的意见》印发实

施，明确提出了土地、劳动力、资本、技术、数据五个要素领域的改革方向和具体举措，部署完善要素价格形成机制和市场运行机制，有力推动要素市场化改革迈入新阶段，对于加快完善社会主义市场经济体制、建设高标准市场体系、推动经济高质量发展具有重要意义，对于对冲疫情影响、有效激发各类要素潜能和活力也具有现实意义。

完善要素市场化配置是深化经济体制改革、建设高标准市场体系的客观要求。改革开放四十多年来，我国市场体系建设取得了重要成就。截至2020年6月，商品和服务价格已经由原来的97%以上由政府定价，转变为97%以上由市场定价。要素市场建设和改革也取得重要进展，资本、土地、劳动力市场从无到有，从小到大，市场配置要素资源的能力明显增强。但是，同商品市场相比，要素市场发育还不充分，存在市场决定要素配置范围有限、要素流动存在体制机制障碍、要素价格传导机制不畅等问题，影响了市场对资源配置决定性作用的发挥，成为高标准市场体系建设的一个突出短板。

完善要素市场化配置是解决我国经济结构性矛盾、推动高质量发展的根本途径。要素配置的扭曲具有很强的传导性和扩散性，由此造成一系列经济结构性矛盾和问题。加快要素市场化改革是深化供给侧结构性改革、解决制约全局深层次矛盾的重要突破口，对于转变发展方式、优化经济结构、转换增长动力具有重要意义。从破除无效供给来看，过剩产能特别是“僵尸企业”是要素配置扭曲的集中反映，要推动“僵尸企业”出清，就要加快形成市场决定要素配置的机制，释放错配的资源，这就要求建立要素初始配置的纠正机制，促进要素合理流动。从培育新动能角度来看，要扩大优质增量供给，就要建立促进要素自由流动的机制，以市场价格引导资源配置，使得科技创新、现代金融、人力资源等生产要素，能够从低质低效领域向优质高效领域流动，提高要素宏观配置效率，共同支撑实体经济发展，形成协同发展的产业体系。

完善要素市场化配置是让要素活力竞相迸发、使经济充满动力的重要保障。宏观经济发展依赖微观主体活力。企业是组织生产要素的主体，企业活力是否充分释放，取决于要素活力是否竞相迸发。完善要素市场化配置，扩大市场配置要素的范围，就是要让企业成为独立的市场主体来配置要素资源，在完善政府调节与监管的基础上，抓紧解决要素产权不清晰、市场化交易机制不健全、市场发育不足等问题，形成有效的激励机制和激励效应，充分发挥生产要素的主动性、积极性、创造性，提高要素质量，实现优化组合。同时，还要看到，我国经济发展已经到了创新驱动发展的关键阶段，激发各类要素活力对于尽快转向创新驱动发展十分重要。数据等新型生产要素对其他生产要素的效率有倍增作用，已和其他要素一起融入经济价值创造过程之中，形成了新的先进生产力，具有广泛影响，成为数字经济时代的关键生产要素。

第六节

坚持正确的改革方法论，是加快完善社会主义市场经济体制的科学途径

面对改革进入攻坚期和深水区的新形势，以习近平同志为核心的党中央立足改革全局，深入把握改革规律和特点，系统谋划全面深化改革的科学路径和有效方法，形成改革开放以来最为丰富、全面、系统的改革方法论，为加快完善社会主义市场经济体制提供了科学指导和行动指南。

一、注重目标导向、问题导向和结果导向相统一

习近平总书记强调，坚持问题导向、目标导向、结果导向，在深化供给侧结构性改革上持续用力。改革是由问题倒逼而产生，又

在不断解决问题中而深化。要有强烈的问题意识，以重大问题为导向，抓住关键问题进一步研究思考，着力推动解决我国发展面临的一系列突出矛盾和问题。要坚持问题导向，奔着问题去，跟着问题走，哪里出现新问题，改革就跟进到哪里。导向是行动的指引和方向，做好经济体制改革工作必须坚持这“三个导向”，要坚持目标导向，把党和人民事业发展愿景转化为具体行动，以实现“两个一百年”奋斗目标为指引，激发全社会创造创业创新的活力和动力。要坚持结果导向，把改革的最终成果更公平惠及最广大人民群众。在制定改革方案上，要把提高改革质量放到重要位置，坚持速度服从质量。要严把改革方案质量关，把方案质量放在第一位，拿出的方案要有棱角，提出的措施要直击问题要害，要开实药方，提实举措，每一条改革举措都要内涵清楚、指向明确、解决问题，便于基层理解和落实。在部署改革推动上，要聚焦主要问题和关键环节，哪里矛盾和问题最突出，就重点抓哪里的改革。在督促落实上，要在解决突出问题、难点问题上下功夫，让实践来检验、让基层来评判、让群众来打分，确保改革落地见效。

二、坚持立字当头、立破并举

习近平总书记指出，要注意处理破和立的关系，立中有破、破中有立，不能简单一放了之、一破了之，把改革的前因后果考虑周全，措施应对得当。党的十八大以来，我国经济体制改革彰显了立字当头、立破并举的科学导向。“立字当头”，是指在全局观念和系统思维指导下的普遍的“立”，不断构建系统完备、科学规范、运行有效的制度体系。立目标，确立了全面深化改革总目标，在总目标指导下，明确坚持和完善社会主义基本经济制度的方向。立定力，提出“两个死路一条”的论断，即不实行改革开放只有死路一条，搞否定社会主义方向的“改革开放”也是死路一条。改革必须“保持战略定力，保持政治坚定性，明确政治定位”，为我们在纷繁复杂的形势下推进改革指明了政治遵循。立制度，持续巩固和完善基本经济制度，逐步建立并不断完善统一开放、竞争有序的市场体系，机构改革大力实施，政府职能加快转变，宏观经济政策更加完善，宏观调控体系不断健全。“立破并举”，即对“立”和“破”系统谋划、总体部署、统筹实施，在构建新的体制机制的同时，破除不合时宜的思想观念和体制机制弊端，突破利益固化的藩篱，将经济体制改革不断引向深入，推动社会主义市场经济持续完善。

三、注重以法治思维和法治方式推进改革

习近平总书记形象地比喻，改革和法治如鸟之两翼、车之两轮。习近平总书记多次强调，要高度重视运用法治思维和法治方式，发挥法治的引领和推动作用，加强对相关立法工作的协调，确保在法治轨道上推进改革。研究改革方案和改革措施要同步考虑所涉及的立法问题，及时提出立法需求和建议。实践证明行之

有效的改革成果，要及时上升为法律。实践条件还不成熟、需要先行先试的，要按照法定程序作出授权。对不适应改革要求的法律法规，要及时修改或废止。

四、注重把握改革的系统性、整体性、协同性

注重系统性、整体性、协同性是全面深化改革的内在要求，也是推进改革的重要方法。改革越深入，越要注意协同，既抓改革方案协同，也抓改革落实协同，更抓改革效果协同，促进各项改革举措在政策取向上相互配合、在实施过程中相互促进、在改革成效上相得益彰，朝着全面深化改革总目标聚焦发力。

——在中央全面深化改革领导小组第三十六次会议上的讲话要点（2017 年 6 月 26 日）

习近平总书记指出，注重系统性、整体性、协同性是全面深化改革的内在要求，也是推进改革的重要方法。“不谋全局者，不足谋一域”。全面深化改革是一项复杂的系统工程，如果各领域改革不配套，各方面改革措施相互牵扯，甚至相互抵触，全面深化改革就很难推进下去，即使勉强推进，效果也会打折扣。注重把握改革的系统性、整体性、协同性，就要注重突出重点。重要领域“牵一发而动全身”，关系到改革大局，是改革的重中之重；关键环节“一子落而满盘活”，关系到改革成效，是改革的有力支点。要牵

住改革“牛鼻子”，既抓重要问题、重要任务、重要试点，又抓关键主体、关键环节、关键节点，以重点突破带动全局。注重把握改革的系统性、整体性、协同性就要注重形成改革的最大公约数。把最大公约数找出来，在改革开放上形成聚焦，做事就能事半而功倍。改革要顺利推进并取得实效，就必须加强协调，兼顾各方利益，照顾各方关切，统筹平衡改革引起的利益关系调整，注重寻求最大公约数，更多以增量调整带动存量优化。要坚持全社会共同参与，公开公平公正推进，最大限度集中全党全社会智慧，最大限度凝聚改革共识，最大限度调动一切积极因素，形成各方面共同推进改革的合力。

五、注重实现顶层设计与基层探索良性互动

习近平总书记指出，改革开放在认识和实践上的每一次突破和发展，无不来自人民群众的实践和创造。要鼓励地方、基层、群众解放思想、积极探索，鼓励不同区域进行差别化试点，善于从群众关注的焦点、百姓生活的难点中寻找改革切入点，推动顶层设计和基层探索良性互动、有机结合。强调要激活基层经验，注意眼睛向下、脚步向下，对在地方上率先突破、取得经验的，及时拿到台面上来研究论证，条件成熟的要及时推广。不管在哪个层面总结推广改革经验，都不能简单照着一个模子来刻，要根据实际作差别化处理。

六、注重处理好改革发展稳定的关系

习近平总书记指出，必须坚持辩证唯物主义和历史唯物主义世界观和方法论，正确处理改革发展稳定关系。稳定是改革发展的前提，必须坚持改革发展稳定的统一。只有社会稳定，改革发展才能不断推进，社会稳定才能具有坚实基础。要坚持把改革的力度、发展的速度和社会可承受的程度统一起来，把改善人民生活作为正确处理改革发展稳定关系的结合点。要统筹安排改革发展稳定各项工作，学会“弹钢琴”，以改革的办法解决发展稳定中的问题，用改革带动和推动各项工作。要围绕经济社会发展突出问题，深入推进“四梁八柱”性质的改革，深入推进增强人民群众获得感的改革，使改革服务于发展、服务于民生改善、服务于加强和改善党的领导。

七、注重蹄疾步稳地推进改革

习近平总书记强调，推进改革胆子要大，但步子一定要稳。胆子要大，就是改革再难也要向前推进，敢于担当，敢于啃硬骨头，敢于涉险滩。步子要稳，就是方向一定要准，行驶一定要稳，尤其是不能犯颠覆性错误。全面深化改革涉及面广，重大改革举措可能牵一发而动全身，必须慎之又慎。在越来越深的水中前行，遇到的阻力必然越来越大，面对的暗礁、潜流、漩涡可能越来越多。现阶段推进改革，必须识得水性、把握大局、稳中求进。我们的政策措施出台之前必须经过反复论证和科学评估，力求切合实际、行之有效、行之久远，不能随便“翻烧饼”。同时，稳妥审慎，不能耽误了必须推进的改革。只要经过了充分论证和评估，只要是符合实际、必须做的，该干的还是要大胆干。

八、注重以钉钉子精神狠抓改革落实

各地区各部门要牢固树立全局意识、责任意识，把抓改革作为一项重大政治责任，坚定改革决心和信心，增强推进改革的思想自觉和行动自觉，既当改革促进派、又当改革实干家，以钉钉子精神抓好改革落实，扭住关键、精准发力，敢于啃硬骨头，盯着抓、反复抓，直到抓出成效。

——在中央全面深化改革领导小组第二十一次会议上的讲话要点（2016年2月23日）

习近平总书记反复强调，一分部署，九分落实。改革推进到这个阶段，矛盾和问题更多集中到抓改革落实上来了。改革重在落实，也难在落实。在中央全面深化改革委员会（中央全面深化改革领导小组）会议上，习近平总书记多次对狠抓落实提出明确要求。习近平总书记指出，抓改革落实，要遵循改革规律和特点，建立全过程、高效率、可核实的改革落实机制，推动改革举措早落地、见实效。一把手既要当改革的促进派，又要当改革的实干家。要把不同改革主体责任划分清楚、明确下来，理清责任链条，拧紧责任螺丝，提高履责效能，以责促行、以责问效。针对抓改革落实出现的新情况新问题，既要鼓励大胆创新，也要坚持从实际出发，防止空喊改革口号，防止简单转发照搬中央文件，防止机械式督察检查考核，决不能让党中央得民心的好政策，到执行层面成了失民心、惹民怨的乱作为。要把抓改革落实同做群众工作结合起来，讲究方式方法，确保群众得实惠。

学习贯彻习近平新时代中国特色社会主义经济思想

做好“十四五”规划编制和发展改革工作

| 系列丛书 |

第三章

加快完善社会主义市场经济体制取得的进展和成效

党的十八大以来，经济体制改革从理论到实践不断创新突破，重点领域改革取得不同程度进展和成效，社会主义市场经济体制加快完善，为经济社会持续健康发展提供了重要的制度保障和动力支撑。

第一节

坚持“两个毫不动摇”，激发各类市场主体活力

公有制为主体、多种所有制经济共同发展是中国特色社会主义制度的重要支柱，也是社会主义市场经济体制的根基。坚持“两个毫不动摇”，就是要形成真正意义上的市场主体，激发各类市场主体活力和创造力。在以习近平同志为核心的党中央坚强领导下，国资国企改革坚持社会主义市场经济改革方向，全面贯彻落实“1+N”文件体系，以混合所有制改革为重要突破口，全力推进国企“十项改革试点”，改革工作全面推进，取得丰硕成果，国资监管改革有序推开、进展顺利，呈现崭新局面。

一、深化国有企业改革：现代企业制度日臻完善

2015年，中共中央、国务院印发《关于深化国有企业改革的指导意见》，提出以解放和发展社会生产力为标准，以提高国有资本效率、增强国有企业活力为中心，完善产权清晰、权责明确、政企分开、管理科学的现代企业制度，促使国有企业真正成为依法自主经营、自负盈亏、自担风险、自我约束、自我发展的独立市场主体。改革实施以来，国有企业改革全面深化，亮点纷呈。2019年全国国有企业实现营业收入62.6万亿元，利润总额3.6万亿元，较2012年增长47.6%和63.8%；资产总额210.4万亿元，所有者权益合计58.7万亿元，分别是2012年的2.3倍和1.9倍。我国大陆地区（含香港）有124家企业进入《财富》世界500强，不少入选的国有企业在市场占有率和核心竞争力方面真正具备了国际竞争力，在载人航天、探月工程、深海探测、高速铁路、特高压输变电、移动通信等领域取得了一批具有世界先进水平的重大科技成果，掌握了一大批关键核心技术，成为我国参与国际竞争的中坚力量。

1. 现代企业制度进一步完善

党组织融入公司治理的制度更加完善，企业党组织的领导作用发挥更加有力。中央企业集团全部实现党委（党组）书记、董事长“一肩挑”，党员总经理兼任副书记，全部实现党组织研究讨论作为董事会、经理层决策重大问题前置程序。董事会规范建设加快推

进，《中央企业外部董事选聘和管理办法》《中央企业董事会和董事评价暂行办法》陆续印发实施，82家中央企业建立了外部董事占多数的董事会，地方一级企业建立董事会比例达到94.6%。

2. 市场化经营机制改革持续深化

市场化选人用人力度明显加大，已有5家中央企业在集团层面开展职业经理人制度试点，621家中央集团子企业共选聘了4 977名职业经理人，地方各级国有企业累计选聘3 391名职业经理人。薪酬分配制度改革进一步深化。《国务院关于改革国有企业工资决定机制的意见》印发，与劳动力市场基本适应、与国有企业经济效益和劳动生产率挂钩的工资决定和正常增长机制予以确立。中长期激励制度建设取得积极进展。共有111家中央企业控股上市公司、36家地方国有控股上市公司实施了股权激励，210家中央科技型企业和36家地方国有科技型企业实施了股权和分红激励，10家中央企业子企业、171家地方企业骨干员工持股试点有序推进。

3. 国有企业发展质量和效益稳步提升

企业资本结构持续优化，债务风险和非生产性支出降低。2019年末中央企业平均资产负债率65.1%，同比下降0.6个百分点。支撑创新驱动发展战略的能力不断增强，在关键核心技术攻关、支持大众创业万众创新、促进互联网与制造业深度融合等多个方面均发挥了重要作用。电信企业建立5G协同工作机制，通过网络共建共享预计节约投资和运营成本超过2 000亿元。积极履行社会责任，有效保障和改善民生。累计81家中央企业开展了划转国有资本充实社保基金工作，划转国有资本总额达1.3万亿元，2019年国有资本经营预算调入公共财政比例达到28%。

二、国有经济布局结构调整：持续做强做优做大国有资本

党的十八大以来，国有资本持续向关系国家安全、国民经济命脉和国计民生的重要行业和关键领域集中，向前瞻性、战略性产业和有核心竞争力的优势企业集中，国有经济规模效益显著提升，布局结构不断优化，为经济社会发展、科技进步、国防建设、民生改善作出了重大贡献。

1. 供给侧结构性改革持续深化

化解钢铁、煤炭过剩产能率先完成任务目标，有色金属、船舶制造、炼化、建材等产能过剩行业积极探索开展去产能工作。“瘦身健体”工作成效明显，“处僵治困”成果显著。截至2019年9月，中央企业累计完成1 957户“处僵治困”主体任务，安置富余人员79.5万人，累计减少法人户数1.4万，减少比例达26.9%，管理层全部压缩至5级以内。加快剥离企业办社会职能和解决历史遗留问题。截至2019年底，全国国有企业“三供一业”、市政社区分离移交和教育医疗机构深化改革进度超过96%，全国国有企业退休人员社会化管理完成41.9%，厂办大集体改革完成75.1%，切实减轻了企业负担，为国有企业公平参与市场竞争创

造了有利条件。

2. 国有资本布局结构有所优化

党的十八大以来先后完成22组41家中央企业重组，根据国家需要新组建中国航空发动机、中国铁塔、中国融通及国家管网集团等4家企业，中央企业数量由117家调整至97家，国有资本进一步向具有核心竞争力的优势企业集中。宝钢、武钢重组后，粗钢产量居世界第二，高端碳钢产品具备国际竞争实力。国电、神华重组实现了煤电一体化运营，有效化解煤电供需矛盾。铁塔公司、管网集团的组建整合了自然垄断环节资源，有利于减少重复建设、节约资源、提高效率。

3. 国有经济产业及区域布局渐趋合理

国有企业在工业门类中具有较为完整的产业链条。中央企业国有资本多数分布在关系国家安全和国民经济命脉的重要行业和关键领域，通过直接出资、战略入股、发起设立创投基金等方式大力支持战略性新兴产业发展，战略性新兴产业投资稳步上升。国有资本运营公司先后发起成立国有企业结构调整基金、风险投资基金等，积极布局新能源汽车、人工智能等战略性项目，并组建煤炭资产管理平台，探索煤炭产业专业化整合有效途径，搭建健康养老资产管理平台，有针对性承接集中闲置资产实施健康养老产业转型发展。积极参与国家京津冀协同发展、雄安新区建设、粤港澳大湾区发展等重大区域发展战略，参与共建“一带一路”。

三、混合所有制改革：以小切口打开大局面

电力、石油、天然气、铁路、民航、电信、军工等重要领域的国有企业先行开展混合所有制改革试点。2016年以来，先后推出4批200多家混改试点，充分发挥市场机制作用，坚持因地施策、因业施策、因企施策，宜独则独、宜控则控、宜参则参，不搞拉郎配、不搞全覆盖、不设时间表，一企一策确定改革方案，成熟一个推一个，确保改革规范有序进行。混改试点始终按照中央提出的“完善治理、强化激励、突出主业、提高效率”要求扎实推进，将其作为改革的出发点和检验改革成效的标准，注重发挥市场机制作用，坚持引资本与转机制相结合，不搞“为混而混”，坚持高质量、优治理，不搞“一混了之”，着重在制度建设和体制机制创新上下力气，在完善企业法人治理和转换经营机制上求突破。在完善治理上，注重引入具有战略协同效应和市场化基因的战略投资者，建立有战略投资者参与、结构合理的董事会，实质性推动法人治理规范化；在强化激励上，注重联动推进市场化选人用人、市场化薪酬和中长期激励等制度建设，着力激发人的积极性，员工与企业面貌焕然一新；在突出主业上，加强与战略投资者的产业协同，做强做优主业，拓展产业链价值链；在提高效率上，注重以效益和效率为标尺，加快企业提质增效，推动实现国有企业经营效益和国有资本效率双提升。

通过改革，试点企业治理体制和经营机制都有了实质性改变，治理能力和发展活力显著提升，已完成试点主体任务的企业改革后年利润额大都实现10%以上增速，完成股权激励的企业劳动生产率平均增幅超过26%，改革后企业净资产收益率较改革前平均提高30个百分点以上。陆续涌现出中国联通、东航物流、中金珠宝、合肥江航等一批试点效果显著、引领效应突出的典型案例，形成了一批可复制可推广的经验做法，为国有企业混合所有制改革提供了有益的参考借鉴，有效带动了中央企业和地方国有企业的混合所有制改革实践。以混改试点为切口的国有企业混合所有制改革取得显著阶段性成果。

1. 企业治理能力和活力效益提升，亏损面下降

混合所有制改革大大增强了企业的治理能力、发展活力和核心竞争力，有效改善了企业经营效益，大幅降低了企业亏损面。如完成混改的东方航空集团物流股份有限公司2017、2018、2019年分别实现营业收入76.6亿、108.8亿、112.7亿元，利润总额分别为9.4亿、13.0亿、10.5亿元，一举扭转了改革前“十年九亏”的不利局面。

2. 国有资本权益和功能提升，企业杠杆率下降

混改撬动了体量庞大、资源丰富的社会资本参与微观市场主体再造，通过国有资本“实力”优势和社会资本市场“活力”优势的有机结合，显著提升了国有资本权益，实现了国有资本功能放大和保值增值，同时降低了企业杠杆率。如中国兵器工业集团下属内蒙古第一机械集团以整体上市方式实施混改后，资产证券化率由18%

增长到83%，净资产由改革前的32.87亿元直接跃升至改革后的74.13亿元，实现了净资产倍增。

3. 企业劳动生产率提升，核心员工流失率下降

混改瞄准国企员工激励缺位、活力不足的症结，强化中长期激励制度化建设，推行差异化薪酬和职业经理人制度，打破传统国企的“大锅饭”和“铁板凳”，激活了长期休眠的人力资本潜能，降低了骨干员工流失率。如中国航空工业集团下属合肥江航股份有限公司利用国家高新技术企业资质，开展了持股比例不超过5%的国有科技型企业股权激励，共激励146名经营管理人员、研发技术人员和技能业务骨干，其中，激励的业务骨干人数占比达91.78%，全面树立起科技立企、骨干强企的用人导向，吸引和留住优秀人才能力不断加强，核心员工干事创业、研发创新热情空前高涨，企业全员劳动生产率迅速提升。

4. 企业核心竞争力提升，与业内领军企业差距缩小

得益于目标明确的资本资源集中和辅业亏损剥离，以及混改释放的巨大产业协同效应，混改企业普遍实现了轻装上阵和产业升级，不仅巩固了既有核心业务的竞争优势，更挖掘出不少新的增长模式与盈利点，与细分领域领军企业的差距明显缩小。如混改企业中国联通依托互联网类战略投资者的渠道优势，加速从“基础电信运营商”向“基于网络运营的数据服务公司”转型。与战略投资者腾讯公司合作推出的“腾讯王卡”，从互联网线上触点直接触达最终用户，使中国联通发展用户成本从1 000元降至50元，一年就为

中国联通节约超过20亿元的营销成本，并带来每月超过300万人次的净增移动网络用户，帮助中国联通加速追赶行业领头羊。

5. 非公有制经济发展空间提升，市场准入限制下降

以往对社会资本开放不足的重要领域，通过混改向社会资本敞开“进”的大门，市场准入和对外开放政策进一步优化，非公有制经济发展迎来新机遇，各种所有制经济发展实现“多赢”。如国际物流服务商普洛斯，抓住混改契机先后入股东航物流等国企，实现了航空、铁路、仓储等物流产业全链条的布局与拓展，在中国的业务规模10倍于主要竞争对手。

总的看，作为一种富有活力和效率的资本组织形式，混合所有制能够发挥各类所有制资本的禀赋优势，实现融合发展、优势互补，促进国有资本进一步放大功能，提高竞争力和保值增值能力，是深化国有企业改革、增强微观主体活力的重要手段。党的十八大以来国企混改实践充分证明，党中央关于开展混合所有制改革、发展混合所有制经济的决策是完全正确的，改革效果是显著的，混合所有制改革不仅是国企改革的重要突破口，更是深化国企改革的“牛鼻子”，在整个国资国企改革中居于战略性和统领性位置，内能实现国有企业治理体制和经营机制的根本性再造，外能推动国资监管向真正“管资本”转型，还能牵引国有经济实现实质性布局优化和结构调整。随着混合所有制改革不断深化，改革成效将进一步显现。

四、国资监管体制改革：从管企业向管资本转变

近年来，随着《国务院关于改革和完善国有资产管理体制的若干意见》《国务院国资委以管资本为主推进职能转变方案》《国务院关于推进国有资本投资、运营公司改革试点的实施意见》《国务院关于印发改革国有资本授权经营体制方案的通知》等重要改革措施陆续出台实施，以提高国有资本效率、增强国有企业活力为中心，明确监管重点，精简监管事项，改进监管方式，全面加强党的建设，进一步提高了监管的科学性、针对性和有效性，加快推动从管企业转向管资本。

1. 各级国有资产监管机构加快推进职能转变

通过强化管资本职能，取消、下放、授权工作事项，完成内部职能和机构调整，研究制定出资人监管权力和责任清单，印发实施《授权放权清单（2019年版）》，分别针对各中央企业、综合改革试点企业及国有资本投资、运营公司试点企业等，将有利于激发企业活力、适应当前国资监管要求的5大类35项事项进行授权放权，并推动集团公司对所属企业同步开展授权放权，做到“层层松绑”。截至2020年1月，27个地方出台国资监管机构职能转变方案，35个地方出台监管权力和责任清单，22个地方对监管权力和责任清单开展动态调整，各省级国资委累计取消、下放监管事项696项。

2. 国有资本投资、运营公司改革有序推进

先后确定中粮集团等19家中央企业为国有资本投资公司试点，诚通集团、国新集团2家中央企业为国有资本运营公司试点，指导推动国有资本投资、运营公司在深化授权放权、调整组织构架、创新运营模式、转换经营机制等方面加大改革力度。制定并开始组建国务院直接授权模式的国有资本投资公司，探索不同于改组国有资本投资公司的全新改革路径，构建“国务院–国有资本投资公司–持股企业”的三层架构，进一步激发所持股企业活力和运营效率。31个地方改组、组建国有资本投资、运营公司超过100家，山西等地积极探索国有资本投资运营公司新模式，为国有经济布局优化和结构调整提供市场化、专业化平台保障。同时，联动开展国企改革“双百行动”“区域性国资国企综合改革试验”“百户科技型企业深化市场化改革提升自主创新能力专项行动”“东北地区国企改革”等改革专项工程，有序实施国有资本授权经营体制改革，从管企业向管资本转变。

3. 国资监督及责任追究体系不断完善

运用信息化手段强化事中事后监管，基本建成国资国企在线监管系统，基本实现对有“三重一大”决策权的1.9万家法人单位和管理主体全覆盖。指导推动责任追究组织及制度体系建设，中央企业均明确追责部门及职责，制定了责任追究制度，35个地方国资委出台责任追究专门制度。印发实施《中央企业禁入限制人员信息管理办法（试行）》，初步实现违规责任人“一企受限企企受限”，

仅2019年直接组织或督促企业开展责任追究1 023人次，挽回损失或降低风险58.7亿元。

4. 经营性国有资产集中统一监管扎实推进

印发实施《关于推进中央党政机关和事业单位经营性国有资产集中统一监管试点的实施意见》。教育部、财政部、农业农村部、国务院国资委、中国科学院、人民日报社等6家单位作为集中统一监管试点单位，均制定了改革方案。截至2019年底，全国经营性国有资产集中统一监管比例超过90%（不含金融、文化类国有资产），16个地方超过95%。

随着混合所有制经济成为以公有制为主体、多种所有制经济共同发展这一基本经济制度的重要实现形式，国资监管体制改革将致力于建立差异化管控，对国有股低于50%、其他所有制股东有效参与公司治理和企业经营的国有相对控股混合所有制企业实施区别于国有及国有控股企业的管控模式，在监管理念、重点、方式方法和导向效果上进一步深化改革。

五、支持民营企业发展：民营经济活力持续增强

党的十八大以来，在以习近平同志为核心的党中央坚强领导下，《关于完善产权保护制度依法保护产权的意见》《关于营造企业家健康成长环境弘扬优秀企业家精神更好发挥企业家作用的意见》《关于营造更好发展环境支持民营企业改革发展的意见》《优化营

商环境条例》等政策法规陆续出台，支持民营经济发展的政策体系基本形成，民营经济发展环境持续优化。广大民营企业努力践行新发展理念，积极参与供给侧结构性改革，逐步转向高质量发展，已经成为市场主体的重要构成、扩大有效投资的重要载体、科技创新的重要主体、国家税收的重要来源、解决社会就业的重要依托、对外贸易的重要力量。

1. 民营企业成为推动发展的重要力量

党的十八大以来，私营企业数量和注册资本对企业总量增长的贡献率分别达98.9%和69.8%。在全国不少地方，民营经济税收已经占到地方财政收入的70%～80%，甚至更高。从国家税务总局服务管理的年纳税额3亿元以上的1 062户大企业集团情况看，其中的312家民营企业2016年税收收入、营业收入分别同比增长9.1%和12.5%，均大幅高于国有企业和外资企业；净利润增长15.1%，其中超过三分之一的企业净利润增幅超过30%。

2. 民营企业成为增加就业的重要依托

改革开放四十多年来，民营经济以巨大的就业包容量在吸纳我国国有企业下岗职工、大学毕业生、农村剩余劳动力、退役军人就业方面发挥了不可替代的作用，成为吸纳就业的主渠道。截至2017年底，我国私营企业和个体工商户从业人员3.41亿人，比2016年增加3 100万人。人力资源社会保障部数据显示，在全国就业人员中，第一产业就业人员占27%；第二产业就业人员占28.1%；第三产业就业人员占44.9%。第三产业就业人数占比持续扩大，已成为吸纳就业的主力，而民营企业在第三产业中占据绝对优势。

3. 民营企业成为促进创新的重要主体

民营企业充当了“大众创业、万众创新”的主力军。民营经济自身就具有机制灵活、市场嗅觉敏锐、经营高效等特点，创新动力更强、反应更快、效益更好，已经逐步成为我国技术改造、产品创新、科技成果转化的重要基地。我国65%左右的发明专利、70%左右的技术创新和80%以上的新产品都由民营经济创造。除了大型民营企业外，更多的民营中小微企业分布在国民经济各行各业，其中的佼佼者往往成长为细分行业的龙头，成为我国经济结构优化升级的新动能。

4. 民营企业成为市场活力的重要源泉

民营经济与市场经济有着天然的适应性，已经成为中国经济结构中最活跃、最具竞争力的经济成分。民营企业拥有高度的自主决策权、独立自主的经营权、择优录用的用人权、与效益挂钩的分配权，能够根据经营目标和市场变化，合理配置各种生产要素，科学安排生产过程，极大地提高效率。

5. 民营企业成为扩大开放的重要力量

近年来，中国外贸发展面临的形势严峻复杂，国际市场需求疲弱。民营企业积极参与国际市场竞争，成为拉动我国外贸向好的一大亮点。从出口看，2019年以来，民营企业的出口额增长保持在10%以上的高水平。2019年，民营企业进出口总额13.48万亿元，比2018年提升3.1个百分点，首次超过外商投资企业，成为我国第一大外贸主体。民营企业积极响应国家“走出去”号召，充分利用两个市场、两种资源，对外投资占全部对外投资的三分之二。

6. 民营企业成为改善民生的重要支撑

随着我国民营经济的不断发展壮大，许多民营企业家积极从事社会公益慈善事业。据不完全统计，二十多年来，民营企业家实施光彩事业项目59万个，到位资金近1万亿元，培训人员980万人，安排就业1 250万人，公益捐赠1 894亿元，扶助2 160万贫困人口解决了温饱。从2015年10月至2018年6月底，进入“万企帮万村”精准扶贫行动台账管理的民营企业有554万家，精准帮扶6.28万个村的76 598万建档立卡贫困人口；产业投入59 752亿元，公益投入11 565亿元，安置就业5 492万人，技能培训5 831万人。民营企业也是国内大额捐款的主力军，占有关慈善榜单企业总数的60%以上，其捐款总额占榜单总捐款额的80%以上。

第二节

构建统一开放、竞争有序的现代市场体系，保障市场公平竞争

党的十八大以来，我国市场体系建设取得积极进展，产权制度、市场准入负面清单制度和公平竞争审查制度不断健全，为建设全国统一大市场奠定良好的制度基础。

一、加快完善产权制度，实现产权有效激励

产权制度是社会主义市场经济的基石，保护产权是坚持社会主义基本经济制度的必然要求。党中央、国务院高度重视完善产权制度，加强产权保护相关工作，提出了一系列新要求，作出了一系列重要部署。党的十八届三中全会提出，产权是所有制的核心，完善

产权保护制度，保护各种所有制经济产权和合法利益。党的十八届四中全会提出，健全以公平为核心原则的产权保护制度，加强对各种所有制经济组织和自然人财产权的保护，清理有违公平的法律法规条款。党的十八届五中全会提出，要把产权得到有效保护作为全面建成小康社会新的目标要求之一。强调推进产权保护法治化，依法保护各种所有制经济权益。党的十九大报告提出，经济体制改革必须以完善产权制度和要素市场化配置为重点。党的十九届四中全会强调，健全以公平为原则的产权保护制度，建立知识产权侵权惩罚性赔偿制度，加强企业商业秘密保护。2016年11月，《中共中央 国务院关于完善产权保护制度依法保护产权的意见》首次以中央名义出台产权保护顶层设计，对产权保护作了系统全面的部署。各地区、各部门持续推动各项产权保护工作落实落地，取得了积极进展和成效，产权制度加快完善。

1. 产权保护法律制度体系加快完善

《民法典》2020年正式颁布，按照党中央提出的完善产权保护制度，健全归属清晰、权责明确、保护严格、流转顺畅的现代产权制度的要求，结合现实需要，进一步完善了与产权保护密切相关的合同编、侵权责任编、物权编等法律制度，平等保护产权作为规范财产关系的基本原则在《民法典》中进一步体现。《优化营商环境条例》颁布实施，明确国家依法保护市场主体的财产权和其他合法权益，填补了我国在优化营商环境方面的立法空白。《中小企业促进法》《反不正当竞争法》修订实施，保障各种所有制经济依法平等使用生产要素、公开公平公正参与市场竞争。对非公有制经济存在诸多歧视性规定的《私营企业暂行条例》正式废止，废止103件司法解释，非公有制经济发展的法制障碍进一步扫清。全面开展涉及产权保护的规章规范性文件清理工作，共清理出有违产权保护原则要求的规章规范性文件5 847件，优化了产权保护法治环境。

2. 涉产权冤错案件甄别纠正取得重大突破

依法甄别纠正历史形成的涉产权冤错案件，坚持以发展眼光看待处理民营企业和企业家过去经营中的不规范行为，坚持全错全纠，部分错部分纠，错到哪里纠到哪里。部分社会高度关注的重大涉产权申诉案件再审，涉及民营企业冤错案件甄别纠正的常态化机制逐步建立。最高人民法院监督指导地方各级法院审理涉企业家权益的各类申诉案件，组织开展专项督察，各地方法院也积极行动，纠正了一批错案冤案。涉产权案件的甄别纠正工作及时向社会传递了党和国家依法保护产权的强烈信号和政策导向，极大增强了企业家人身财产安全感和干事创业信心。

3. 产权司法保护得到进一步加强

《关于充分发挥审判职能作用切实加强产权司法保护的意见》《关于充分履行检察职能加强产权司法保护的意见》先后印发实施，推动产权保护司法政策严格执行。深化受案立案制度改革，修订《关于公安机关办理经济犯罪案件的若干规定》，进一步推动在办理经济领域案件时遵循“疑罪从无”原则，严格区分经济纠纷与经济犯罪、民事责任与刑事责任、合法财产与违法所得、公司财产与个人财产、正当融资与非法集资，严格规范涉案财产处置的法律程序，严禁超标查封扣押冻结财产，创新适用“活封活扣”等强制措施，尽可能减少对企业经营的影响。开展信访核查、执法巡查、百案评查、专项整治“三查一治”活动，着力解决经济犯罪案件办理中的不规范问题，对多起执法过错案件予以纠正。多批次发布保护产权和企业家合法权益的典型案例，涉及违法扣押赔偿、政府合同纠纷、侵犯商标权及不正当竞争、财产保全等方面，通过典型案例树立司法标准，引领司法实践。

4. 知识产权保护制度加快完善

知识产权强国战略深入实施，知识产权强国建设步伐加快，形成涵盖专利、商标、著作权、商业秘密等比较完备的知识产权法律体系，为中国科技创新提供了重要法律保障。知识产权保护持续加强。《中共中央办公厅 国务院办公厅关于强化知识产权保护的意见》印发实施，对我国知识产权保护作出全面部署。最高人民法院设立知识产权法庭，北京、广州、上海知识产权法院相继成立，南京、苏州等21家知识产权专门审判机构先后组建，跨区域管辖知识产权案件的审判水平进一步提升。知识产权民事、行政、刑事审判“三合一”在全国法院全面推开。持续加大知识产权执法力度，深入开展知识产权执法专项行动，严厉打击各类侵权行为。深入实施《“互联网+”知识产权保护工作方案》，充分发挥大数据、人工智能等信息技术在知识产权侵权假冒的在线识别、实时监测、源头追溯作用，推进知识产权严保护、大保护、快保护、同保护，提高知识产权保护效率，降低维权成本。完善的知识产权司法保护和强有力的行政执法激发了中国企业和民众的创新热情，中国成为知识产权创造和科技创新的热土。中国知识产权保护得到国际社会的广泛认可，知识产权保护社会满意度达到78.98分（百分制），权利人满意度升至新高，达到79.89分。世界知识产权组织发布的《2019年全球创新指数》报告显示，中国名列第14位。

5. 农村集体产权制度改革加快推进

2016年12月，《中共中央 国务院关于稳步推进农村集体产权制度改革的意见》印发实施，对推进改革作出总体安排，标志着农村产权改革逐步向全国推开，在明晰农村集体产权、引导农民发展股份合作的同时，注重完善集体产权权能，赋予农民对农村集体资产股份占有、收益、有偿退出及抵押、担保、继承等相关权能。《关于开展农村承包土地的经营权和农民住房财产权抵押贷款试点的指导意见》《关于完善农村土地所有权承包权经营权分置办法的意见》等文件先后印发实施，逐步形成“两权”抵押和“三权分置”改革框架。党的十九大报告指出，要完善承包地“三权”分置制度。党的十九届四中全会进一步提出，深化农村集体产权制度改革，发展农村集体经济，完善农村基本经营制度。截至2020年4月，农村集体资产清产核资工作已经基本完成，共清查核实账面资产总额6.5万亿元，其中经营性资产3.1万亿元、非经营性资产3.4万亿元，集体资源性资产总面积65.5亿亩。经营性资产股份合作制改革加快推进，开展四批农村集体产权制度改革试点，覆盖全国80%左右的县（市、区）。截至2020年4月，全国已有超过36万个村组完成改革，确认集体经济组织成员6亿多人，农村集体经营性资产以股份或者份额形式量化到本集体成员。部分地区积极探索集体资产股份抵（质）押贷款试点，为深化改革积累经验。

二、全面实施市场准入负面清单制度，完善法治化营商环境

党的十八届三中全会提出要“实行统一的市场准入制度，在制定负面清单基础上，各类市场主体可依法平等进入清单之外领域”。党的十九大进一步提出“全面实施市场准入负面清单制度”。2015年9月，国务院印发《关于实行市场准入负面清单制度的意见》，对建立和实施市场准入负面清单制度作出全面部署，相关改革工作积极稳妥推进。

1. 有序开展两批改革试点

2016年，《市场准入负面清单草案（试点版）》印发实施，天津、上海、福建、广东4省份试点实行市场准入负面清单制度，2017年试点范围扩大到辽宁、吉林、黑龙江等15个省份，覆盖了当时全部11个自贸区所在省份。总的看，各试点地区围绕改革部署开展了大量积极探索，“放管服”改革加快推进，市场准入制度更加公开透明，行政管理效率和投资便利程度不断提高，市场预期更加稳定，市场主体信心不断增强，市场活力进一步激发，为全面实施市场准入负面清单制度积累了有益经验。

2. 全面实施市场准入负面清单制度

2018年，在全面总结两批试点经验基础上，《市场准入负面清单（2018年版）》正式印发实施，市场准入负面清单制度在全国全面实施。这项改革是加快完善社会主义市场经济体制的一项重大改革创新，是“放管服”改革的重要成果，为市场主体的创业创新提供了更大空间。

3. 建立健全清单动态调整机制

实行“一年一修”的市场准入负面清单动态调整机制。2019年11月印发实施的《市场准入负面清单（2019年版）》共列事项131项，相比2018年版减少20项，缩减比例为13%，根据“放管服”等改革要求，将“消防技术服务机构资质审批”“职业技能考核鉴定机构设立审批”“养老机构设立许可”“社会福利机构设置许可”等一批管理措施放开，市场准入门槛进一步放宽。

4. 确立维护“全国一张清单”管理模式

切实维护全国统一市场准入负面清单制度的严肃性、权威性。推动全国性清单规范整合，将《产业结构调整指导目录》《政府核准的投资项目目录》《互联网市场准入禁止许可目录》《国家重点生态功能区产业准入负面清单（禁止限制目录）》等全国性准入类清单目录全面纳入市场准入负面清单。至2019年，全国性市场准入类负面清单全部纳入市场准入负面清单，“全国一张清单”体系更加完善。严禁各地区、各部门自行发布市场准入性质的负面清单，全面清理现有行业性、领域性、区域性市场准入负面清单和具有负面清单性质的政策性文件，坚决杜绝“单外有单”现象。共计清理取消“长沙市高新区内资企业准入特别管理措施（负面清单）”“广东省主体功能区产业准入负面清单”“西宁经济技术开发区工业投资项目负面清单”“西安市企业投资项目负面清单”等各地区自行编制发布的市场准入类负面清单23个，“负面清单满天飞”情况有效杜绝。

5. 持续推动破除隐性准入壁垒

2018年市场准入负面清单制度全面实施以来，全国层面破除隐性壁垒工作台账逐步建立完善，推动破除各类清单之外准入门槛和隐性限制，一批典型隐性准入壁垒问题得到破解或改善。

三、建立公平竞争审查制度，加快完善公平竞争市场环境

公平竞争是市场经济的基本规则，是市场机制高效运行的重要基础。党的十八大以来，不断强化竞争政策基础地位，建立并落实公平竞争审查制度，实现了公平竞争审查制度在国家、省、市、县四级政府全覆盖，审查权威和效能进一步提升，为优化营商环境、推动高质量发展、推进国家治理体系和治理能力现代化提供了有力支撑。

1. 公平竞争制度基础不断夯实

2016年6月，国务院印发《关于在市场体系建设中建立公平竞

争审查制度的意见》，从市场准入和退出、商品要素自由流动、影响生产成本、影响生产经营行为四个方面确立了18项审查标准。2017年11月，第十二届全国人民代表大会常务委员会第三十次会议对《反不正当竞争法》进行修订；2019年4月，第十三届全国人民代表大会常务委员会第十次会议再次对《反不正当竞争法》进行修订。2020年1月，国家市场监管总局就《反垄断法》修订草案公开征求意见，与修订前相比，该修订草案首次将互联网新业态列入，并大幅提升处罚标准。当前我国在促进市场公平竞争的制度建设方面，已经构建起由《反垄断法》《反不正当竞争法》和公平竞争审查制度等组成的制度框架和政策工具，形成了针对市场垄断、行政性垄断、不正当竞争等领域的全方面覆盖的基础性经济政策和制度，有效维护了公平竞争市场秩序、保障了市场机制有效运行。

2. 公平竞争审查效能不断提升

公平竞争审查覆盖范围逐步扩大。截至2019年2月，国务院各部门、各省级政府、98%的市级政府、92%的县级政府，均已开展审查工作。全国共审查新出台文件43万份，对82万份已经出台的文件进行了清理，废止或修订涉及地方保护、指定交易、市场壁垒的文件2万多份。公平竞争审查刚性约束持续增强。坚持自我审查与外部审查并重，在规范指导政策制定机关开展审查的同时，综合运用督查、抽查、通报、考核等手段，不断强化外部监督、增强制度的刚性约束。将公平竞争审查纳入市县法治政府建设示范指标体系、质量工作考核体系。黑龙江、浙江、安徽、广东、广西、贵州、重庆、甘肃等纳入依法行政、法治政府考核评价体系。

四、要素市场化配置加快推进

党的十八大以来，党中央、国务院出台一系列重大举措，有效推进了要素市场化配置改革的进程，土地、劳动力、资本、技术、数据等要素市场得到快速发展，市场配置要素能力显著增强。2020年《中共中央 国务院关于构建更加完善的要素市场化配置体制机制的意见》印发实施，进一步明确了要素市场化配置改革的方向和重点任务。

（一）城乡统一的建设用地市场逐步形成

加快推进农村土地制度改革，完善土地二级市场，扩大土地有偿使用范围，城乡统一的建设用地市场逐步形成。

1. 农村土地制度改革取得突破性进展

农村承包地三权分置改革全面推进，促进农村承包地流转。截至2017年底，完成承包地确权11.59亿亩，全国流转土地的农户超过7 000万户，占全国2.3亿农户数量的30%；耕地流转面积达到4.6亿亩，占承包地的1/3。农村土地征收、集体经营性建设用地入市和宅基地改革试点取得突破。农村土地征收、集体经营性建设用地入市、宅基地管理制度三项制度改革试点在北京市大兴区等33个试点县（市、区）推进，探索构建城乡统一的建设用地市场。截至

2019年10月底，农村“三块地”改革33个试点县（市、区）按新办法实施征地2 244宗、27.8万亩；集体经营性建设用地已入市地块12 644宗、12.5万亩，总价款约476.6亿元，收取调节金50.4亿元，办理集体经营性建设用地抵押贷款687宗、85.2亿元；腾退出零星、闲置的宅基地约26万户、14.5万亩，办理农房抵押贷款8.1万宗、201亿元。《土地管理法》修订实施，土地征收范围缩小，集体经营性建设用地依法可以入市，实现了集体经营性建设用地和国有建设用地同等入市、同权同价同责。

2. 建设用地供给方式不断完善和规模不断扩大

随着我国经济快速发展和城镇化水平的提高，国有建设用地占比不断增加。截至2016年底，全国共有建设用地5.9亿亩，其中城镇国有建设用地1.4亿亩，占比约23.7%。近年来，国有建设用地供应量总体规模保持稳定，为经济社会发展提供了必要的土地要素支撑。2018年，全国国有建设用地供应总量964.5万亩，其中工矿仓储用地198万亩、占比21%，房地产用地216万亩、占比22%，基础设施等用地552万亩、占比57%，土地使用权出让收入6.51万亿元、同比增长25%。建立城市建设用地节约集约用地制度框架，加快已出让土地的有效供应，全国近5年平均供地率达65.9%，比2012年同期提升12.3个百分点，建设占用耕地比重由2013年末的40.6%下降到2017年末的38.9%。开展工业用地市场化配置改革试点，围绕提高工业用地利用效益，积极探索一级市场（增量用地）灵活供地，健全准入制度，二级市场（存量用地）盘活流转，建立转让退出制度，探索适应新时代用地需求的土地供给体系，工业用地供应商实行弹性出让制度。

3. 土地规划和用途管制制度不断完善

在坚持权属管制、用途管制和规模管控的前提下，不断完善规划空间管制和计划总量控制制度，赋予省级政府更大用地自主权。2020年3月，国务院提出两类用地审批权下放：一是将国务院可以授权的永久基本农田以外的农用地转为建设用地审批事项，授权所有省级政府批准，赋予了省级政府更大的用地自主权；二是将“含金量”更高的永久基本农田转为建设用地和国务院批准土地征收审批事项，委托部分试点省级政府批准。北京、天津、重庆等八个省市作为首批试点。此次用地审批权下放，是贯彻落实国家“放管服”改革要求的重要体现，同时压实省级政府责任，激发地方政府自主决策活力。

4. 完善建设用地使用权转让、出租、抵押二级市场

基本形成了以政府供应为主的土地一级市场和以市场主体之间转让、出租、抵押为主的土地二级市场，对促进土地资源的优化配置和节约集约利用、加快工业化和城镇化进程起到了重要作用。2006—2016年，国有建设用地“招拍挂”面积占出让面积的比重从28.5%提高到92.0%。2019年，为完善土地二级市场规则，出台关于完善建设用地使用权转让、出租、抵押二级市场的指导意见，进一步促进了土地要素顺畅流通。

（二）劳动力要素流动壁垒加快突破

对劳动力要素市场化配置作出了方向性安排，提出了一系列具体改革措施，将有效推动劳动力要素合理配置，激发劳动力市场活力和韧性，为经济高质量发展奠定坚实的人力资源基础。

1. 人口城镇化水平大幅度提高

改革开放以来，工业化快速推进带动了人口城镇化加速发展。2016年，国务院印发《推动1亿非户籍人口在城市落户方案》，积极推进户籍制度改革，推动各地普遍降低落户门槛，进一步促进农业人口向城镇转移。我国常住人口城镇化率由1978年的17.92%，迅速提高到2018年底的59.58%，平均每年增加约1个百分点。

2. 城乡就业结构不断优化

随着产业不断升级，劳动力持续从农业向制造业、服务业转移。在过去的四十年中，我国农业就业人员的占比由1978年的70.5%下降到2018年的26.1%，平均每年下降1.1个百分点。在城镇就业人员中，国有企业单位就业人员占比不断减少，民营经济承担了80%以上的城镇劳动就业，劳动力市场基本实现了市场化配置。国有单位就业人员在城镇就业人员中占比由1978年的70.5%降为2018年底的13.2%。

3. 进一步畅通劳动力流动渠道

自2006年起，事业单位实行公开招聘制度。2014年，《事业单位人事管理条例》将公开招聘制度上升为法规规范，进一步明确了公开招聘程序，符合招聘条件的社会各类人员都可以报名参加公开招聘。2019年12月，中共中央办公厅、国务院办公厅印发《关于促进劳动力和人才社会性流动体制机制改革的意见》，重点从筑牢流动基础、畅通流动渠道、拓展流动空间、强化兜底保障等四个方面，构建促进社会性流动的政策体系框架。通过全面实行事业单位和国有企业公开招聘制度，有效扩大选人用人视野，促进人才社会性流动。事业单位新聘用人员公开招聘工作已经在全国实现全覆盖，建立了公开、平等、竞争、择优选拔聘用事业单位工作人员的制度框架，自2006年以来，全国已有6 000多万人次参加公开招聘，实际聘用社会各类人员800多万人，为建设高素质专业化干部队伍发挥了重要作用。

4. 建立统一规范的人力资源市场体系

一是人力资源市场整合改革不断深化。经过长期持续努力，全国90%以上省份、88%以上地市和85%的区县统一市场管理职能，省市两级和85%以上的区县设立了公共就业和人才服务机构，市场整合目标基本实现，标志着统一规范的人力资源市场体系基本形成。二是人力资源市场监管不断强化。深化人力资源市场领域“放管服”改革，切实加强事中事后监管，有效维护了市场秩序。2015年，印发了《关于“先照后证”改革后加强人力资源市场事中事后监管的意见》，明确“先照后证”改革后事中事后监管的措施和方式。推行年度报告公示制度，从2016年起部委人力资源服务机构年检优化为年度报告公示。加强人力资源服务机构诚信服务体系建设，在全国范围内启动了人力资源服务机构诚信体系建设工作。强化人力资源服务标准化建设，成立了全国人力资源服务标准化技术委员会，负责人力资源服务标准化的统一管理和综合协调工作。全国标准委已出台18项国家标准，基本涵盖了人力资源服务的主要领域。三是人力资源市场对外开放稳步推进。2019年12月，按照内外资一致的原则，取消了人力资源服务业外资准入限制，进一步降低了外商投资人力资源服务机构审批门槛，简化了审批程序，为外商投资人力资源服务业创造良好环境。四是市场法制体系不断完善。2015年以来，先后修订《人才市场管理规定》《就业服务与就业管理规定》《中外合资人才中介机构管理暂行规定》《中外合资中外合作职业介绍机构设立管理暂行规定》等部门规章，巩固人力资源市场改革发展成果。2018年10月，《人力资源市场暂行条例》正式实施。条例的制定出台，对贯彻落实市场调节就业的就业工作方针，推动发展人力资源服务业，建设人力资源协同发展的产业体系，优化人力资源流动配置，促进经济高质量发展具有十分重要的意义。

5. 人力资源服务业不断发展壮大

深入实施人力资源服务业发展行动计划，在全国范围内开展骨干企业培育计划、领军人才培养计划、产业园区建设计划、“互联网+”人力资源服务行动、诚信主题创建行动、“一带一路”人力资源服务行动。《人力资源市场暂行条例》是改革开放以来人力资源要素市场领域首部行政法规，系统规范了人力资源市场求职、招聘和开展人力资源服务活动，首次以行政法规的形式把提高人力资源服务业发展水平作为各级政府的法定职责，对促进行业健康持续发展，具有重要深远意义。截至2018年底，全国共有各类人力资源服务机构3.57万家，行业从业人员64.14万人，各类人力资源服务机构共设立固定招聘（交流）场所3.19万个，建立人力资源市场网站1.33万个。就业服务能力显著提高，各类机构共举办现场招聘会（交流会）23.48万场，现场招聘会提供岗位招聘信息1.14亿条，网络发布岗位招聘信息3.60亿条，网络发布求职信息7.29亿条，共帮助2.28亿人次实现就业择业和流动。

（三）多层次资本市场不断完善

党的十八大以来，多层次资本市场不断完善，资本市场基础制度建设步伐明显加快，不断提升金融服务实体经济效能，推动市场体系进一步完善优化。

1. 金融市场规模不断扩大

金融市场交易日趋活跃，交易规模不断扩大。2019年全年沪深交易所累计筹资1.4万亿元，各类市场主体通过沪深交易所发行债券筹资7.2万亿元，保险业实现原保费收入4.2万亿元。

2. 多层次资本市场建设成效显著

设立民营银行17家，科创板成功开板并试点注册制，改革上市公司退市制度，优化新三板定向发行制度，落实债券市场统一执法安排，金融服务实体经济能力进一步提高。2018年资本市场直接融资6.7万亿元，信贷、股票、债券、保险市场规模稳居全球前三位。截至2020年6月底，沪深A股上市公司3 657家。主板、中小板、创业板和科创板等公开市场已然成形，层次丰富；新三板、区域股权市场和券商柜台市场平台众多，功能多样；债券市场和衍生品市场在规模、品种和工具上发展迅猛。

3. 利率市场化改革迈出重要步伐

按照“放得开、形得成、调得了”的整体思路，有序推进利率市场化改革，取得一系列显著成效。“先增量、后存量”，稳妥推进贷款基础利率（LPR）改革。通过推进利率“两轨合一轨”，提高贷款利率形成的市场化程度。2019年8月，人民银行推动完善LPR形成机制，提高银行贷款定价的自主权，并推广运用LPR，推动银行改进经营行为，疏通市场化利率传导渠道。2019年12月末，人民银行启动存量浮动利率贷款定价基准转换，按照市场化、法治化原则，加快推动存量贷款定价基准顺利转换。

4. 金融业双向开放取得新进展

人民币成功加入国际货币基金组织（IMF）特别提款权（SDR）货币篮子，成为全球第六大储备货币。发起设立亚投行、金砖银行、丝路基金等，外汇储备保持在3万亿美元左右。“沪港通”“沪伦通”“深港通”“债券通”顺利开启，大幅放宽银行、证券、保险业市场准入，A股纳入明晟新兴市场指数。

（四）技术创新和转移服务体系持续健全

技术市场进入创新发展阶段，技术创新和转移服务体系加快健全，技术市场流动性和活跃度不断增强。

1. 技术要素流通配置不断丰富活跃

技术要素的配置方式和交易形式，从传统的技术开发、技术转让、技术咨询和技术服务（简称“四技服务”），逐步向技术作价入股、技术并购、科技创业等多元化方向发展。全国技术合同成交额从1984年的7亿元增长到2019年的2万多亿元，30多年间增长了3 000多倍。2019年，全国全年共登记技术合同48.40万项，成交金额2.24万亿元，比上年分别增长17.5%和26.6%，提前一年实现了创新型国家提出的技术交易额目标，反映出我国技术要素市场的良好发展态势。

2. 技术要素交易结构逐步优化

通过不断深化科技体制改革，优化科技成果转化政策环境，全面激发科技创新创业活力，科技成果转化成果丰硕。从技术交易类型看，技术服务在各类技术交易方式中占比不断增大，2019年成交金额1.24万亿元，居四类技术合同首位；技术转让（含技术秘密转让）实现高速增长，专利权转让和计算机软件著作权转让成交额分别是上年的4.8倍和3倍。从技术交易领域看，近七成的技术交易涉及高新技术领域，电子信息、先进制造、新能源领域技术合同成交额居前列。从技术流向看，输出到港澳台地区和国外的技术同比增长15.6%，成交额分别为2 090.0亿元和649.1亿元。

3. 企业成为技术要素配置的主体

随着企业技术创新主体地位不断夯实，技术要素市场的主体也发生了显著的结构性变化。从2003年起，企业输出技术合同第一次超过高校院所，此后一直成为技术要素市场的主体。2019年，我国企业输出和购买技术合同成交额分别占到全国技术合同成交总额的90%和70%以上。这标志着以市场为导向、企业为主体、产学研相结合的技术创新体系正在加快形成。

4. 技术转移服务体系不断完善

全国各类技术交易市场超过1 000家。截至2018年底，在全国技术市场管理部门认定登记的技术合同中共有卖方机构45 685家；全国共有各类技术转移机构453家，省（市）级技术交易网络平台40余个，区域性、行业性技术转移联盟50余个，国家技术转移区域中心11个，从业人员约50万名。

5. 技术资源配置方式不断创新

近年来，技术研发与技术转化一体化的趋势日渐明显，“基础研究–应用研究–产品开发”的线性科研模式正在被实践打破，科学、技术与工程开始并行发展，技术要素的产生和配置出现新的范式，大量技术成果来源于产业或工程，并跨越独立的“转化”阶段，直接应用于产业发展。社会上，一大批新型研发机构顺应了这种技术创新范式变革的新趋势，在全国各地蓬勃发展，有效推动了以产业为导向的技术研发，促进了一批基础研究成果的产业化。

（五）数据要素市场规模迅速增长

不断完善大数据的要素属性，推动实施国家大数据战略，加快培育发展数据要素市场，使大数据成为推动经济高质量发展的新动能。

1. 互联网用户规模保持高位增长

我国网民数量世界第一，已成为网络大国。随着“宽带中国”等项目的实施，农村网络基础设施短板正在补齐，网民数量仍在继续增长。截至2019年6月，中国网民规模达8.54亿，其中手机网民规模达8.47亿，互联网普及率61.2%，城镇网民占比73.7%。

2. 企业数字转型发展步伐加快

制造业数字化和智能化的水平不断提高，截至2019年6月，企业数字化研发设计工具普及率达到69.3%，关键工序的数控化率达到49.5%。同时，开展网络化协同、服务型制造、大规模个性化定制的企业比例，分别达到35.3%、25.3%和8.1%。

3. 政务数据共享量大幅跃升

近年来，各地方、各部门大力推进政务信息系统整合共享，成效显著，跨部门、跨地域、跨层级的数据共享服务数量迅速增加。

4. 数字经济快速发展

软件和信息服务业成为数字经济发展的重要驱动力量。2018年，软件和信息服务业规模以上企业3.78万家，累计完成业务收入6.3万亿元，同比增长14.2%，增速居国民经济各行业之首，占GDP比重达3.6%。数字经济与实体经济加快融合，数字经济对传统产业的“赋能”潜力不断提升。

五、现代化市场监管机制逐渐形成

党的十八大以来，市场监管改革创新取得显著成效，逐步建立了市场监管新机制，市场监管法律法规体系逐步完善，公平竞争的市场秩序不断改善，为经济社会持续健康发展营造了良好的市场环境。

1. 强化价格监管

加大价格监管力度，加强重点领域执法，切实维护市场秩序。组织开展农副产品、医药、水电气暖、电信等领域价格治理，组织开展涉企收费、电力等领域价格检查。开展中央定价目录修订，巩固改革成果，将定价项目限定在网络型自然垄断环节、重要公用事业和公益性服务范围内，缩减定价项目近30%。加大对重点商品的价格监管力度，建立重要民生商品价格日监测制度。开展蔬菜、玉米、化肥等其他涉农产品价格调控。实施天然气、水泥、砂石等原材料价格调控。

2. 全面推行部门联合“双随机、一公开”监管

市场监管各有关部门全面推进实施“双随机、一公开”监管，已基本实现市场监管领域全覆盖，解决了一些领域存在的“检查任性”“执法扰民”的问题，减少企业负担，同时，实行政府部门有限监管资源最优配置，提升监管执法的效能和法律法规的震慑力。

3. 健全企业信用监管机制

2014年8月，国务院颁布《企业信息公示暂行条例》。2018年10月，国务院印发《关于在全国推开“证照分离”改革的通知》，加快建立以信息归集共享为基础、以信息公示为手段、以信用监管为核心的新型监管制度。2019年7月，国务院办公厅印发《关于加快推进社会信用体系建设构建以信用为基础的新型监管机制的指导意见》，推动建立国家企业信用信息公示系统，统一归集公示政府部门涉企信息和企业年度报告信息。国家市场监管部门依托公示系统，根据企业守法诚信情况，将其信用状况进行分类，分为良好、守信、一般、失信、严重失信五类。一方面，根据企业信用风险分类，合理确定抽查比例频次，实施差别化监管，对信用好、风险低的市场主体降低抽查比例和频次，实现对依法守信的市场主体“无事不扰”。另一方面，根据信用监管结果制定了经营异常名录和严重违法失信企业名单。截至2019年6月，全国经营异常名录实有市场主体518.97万户，严重违法失信企业名单实有54.17万户，通过中央部门协同监管平台，将失信企业信息推送至各相关部门，推动形成“一处失信、处处受限”的局面。截至2019年6月，公安部门办理阻止出境5 773人次，市场监督管理部门限制1.98万人担任企业法定代表人、董事和监事等职务，金融机构限制融资授信2.03万户。

4. 加强协同监管

按照“谁审批、谁监管，谁主管、谁监管”的原则，依法发挥行业监管和综合监管的作用。建立全国投资项目在线审批监管平台，出台《国务院办公厅关于创新投资管理方式建立协同监管机制的若干意见》，实施投资项目协同监管。建立健全跨部门协同监管和联合惩戒机制，部门联合开展防范治理电信网络诈骗犯罪、反洗钱等多项工作。

第三节

深化垄断行业改革，促进市场结构优化和效率提升

党的十八大以来，电力、石油天然气等垄断行业改革取得了重要进展，有效竞争的电力市场体系初步形成，国家石油天然气管网集团有限公司成立标志着油气体制改革取得突破性进展，市场主体活力不断激发，改革红利持续释放，为国民经济平稳健康发展提供了重要基础性保障。

一、深化电力体制改革，有效竞争的电力市场体系基本形成

2015年3月《中共中央 国务院关于进一步深化电力体制改革的若干意见》印发实施以来，按照建立“管住中间、放开两头”的

体制架构要求，以市场化交易为主线，坚持安全可靠供电、优先保障民生用电和清洁能源发电的主要原则，有序放开输配以外的竞争性环节电价、配售电业务、公益性和调节性以外的发用电计划，推进交易机构相对独立、规范运行，进一步强化电力统筹规划、政府监管、电力安全高效运行和可靠供应。

1. 放开竞争性业务，释放市场主体活力

按照“管住中间、放开两头”的体制架构，在加强电网自然垄断环节监管的同时，在发电、配售电等可竞争环节引入竞争机制，加快构建有效竞争的市场结构和市场体系。一方面，在发电、售电环节引入竞争，由符合准入条件的发电企业、售电企业和电力用户自主选择交易对象，通过平等协商或集中撮合确定交易量和交易价格，形成多元参与、多买多卖的市场格局。另一方面，放开增量配电业务，有效调动社会资本参与配电网建设的积极性，促进配电网建设发展和配电运营效率提高，为分布式能源发展和可再生能源消纳提供更多实现路径。截至2019年底，已批复四批404个增量配电业务改革试点。全国已成立近4 000家售电公司，向用户提供购售电业务、合同能源管理和综合节能等多种服务。

2. 电力市场化交易机制不断完善，超过1/3电量通过市场化交易完成

还原电力的商品属性，实现电力电量平衡从以计划手段为主向以市场手段为主平稳过渡，有序缩减发用电计划，引导市场主体开展多方直接交易和跨省跨区交易，逐步扩大市场化电

量的比例。2019年，全国完成市场化交易电量2.71万亿千瓦时，同比增长31.6%，占全社会用电量的37.5%（占经营性行业用电量的67.4%）。市场化交易平均降价幅度3.6分/千瓦时，减少电力用户购电支出790亿元，自2016年起累计降低用电成本超2 600亿元。

3. 现货市场建设平稳推进，逐步形成有效电力价格信号

2019年9月底前，南方（从广东起步）、蒙西、浙江、山西、山东、福建、四川、甘肃等8个首批电力现货市场建设试点地区全部启动连续结算试运行。2019年3月印发《关于做好电力现货市场试点连续试结算相关工作的通知》，明确试点地区2020年开展连续结算试运行的重点要求，并指导协调其他省份开始现货市场制度设计研究工作。截至2020年6月，8个试点地区加快完善交易规则和技术系统，筹备开展长周期结算试运行工作。

4. 电力交易机构组建成立，独立规范运行向纵深推进

截至2020年6月，全国所有省（区、市）均已组建电力交易中心，并成立了北京、广州两个区域电力交易中心。2018年8月，发布推进电力交易机构规范化建设的通知，要求按照多元制衡的原则对电力交易中心进行股份制改造。北京、广州电力交易中心和广东、广西、云南、贵州、海南、山西、湖北、重庆等8个省（区、市）电力交易中心引入不同类型的市场主体股东。2019年，国家发展改革委、国家能源局进一步深入研究推进电力交易机构独立规范运行。2020年2月《关于推进电力交易机构独立规范运

行的实施意见》印发实施，第一轮股份制改造已全部进入进场交易阶段，各交易中心同步部署下半年第二轮股份制改造工作，年内基本实现电网股比降至50%以下。

5. 加快健全输配电价监管体系，有序放开竞争性环节电价

2016年实现输配电价改革全覆盖，先后出台成本监审办法以及省级电网、区域电网、专项工程定价办法等，完成第一监管周期输配电价核定；2019年以来，修订成本监审和输配电定价办法，同时开展全部省级和区域电网第二监管周期成本监审和输配电价核定。深化燃煤发电价格形成机制改革，将标杆电价改为“基准价+上下浮动”的市场化价格机制；平稳推进光伏、风电上网电价市场化改革，为加快推动平价上网创造有利条件。2015年以来，通过不断深化电价改革，叠加国家降税等措施，2019年全社会用电成本比2014年降低约5 000亿元。

6. 优化能源结构，可再生能源消纳水平逐年提高

多措并举促进可再生能源发展，可再生能源装机快速增长。风电从2015年的1.3亿千瓦，增长到2019年的2.1亿千瓦，增长61.5%，太阳能发电从2015年的0.4亿千瓦，增长到2019年的2.0亿千瓦，增长4倍。利用市场化手段加大新能源消纳力度，新能源利用率超过96%，高于95%的合理控制目标。逐步扩大跨省跨区市场化交易规模，为可再生能源的开发利用提供更大空间，带动我国整体能源结构的优化。

二、油气体制改革取得突破，形成自然垄断环节改革新模式

2017年4月中共中央、国务院印发《关于深化石油天然气体制改革的若干意见》以来，针对石油天然气体制存在的深层次矛盾和问题，着力深化油气勘查开采、进出口管理、管网运营、生产加工、产品定价体制改革和国有油气企业改革，国家油气管网公司成立、推行矿业权竞争性出让、进一步对外商外资开放、放开原油进口权限、油气市场化定价等关键举措相继落地，石油天然气体制机制改革深入推进。

1. 推进油气管网体制改革，实现管道独立

实施石油天然气管网运营机制改革，是推动形成上游油气资源多主体多渠道供应、中间统一管网高效集输、下游销售市场充分竞争的“X+1+X”油气市场体系的关键所在。为推进油气管网运营机制改革，实现管输和销售分开，2019年3月，中央全面深化改革委员会第七次会议审议通过了《石油天然气管网运营机制改革实施意见》，明确要求组建国有资本控股、投资主体多元化的石油天然气管网公司。5月，《油气管网设施公平开放监督办法》正式出台，明确了公平开放的制度基础、基本原则、解决方案和监管措施，提出鼓励和支持油气管网设施互联互通和公平接入，逐步实现油气资源在不同管网设施间的灵活调配。12月，国家石油天然气管网集

团有限公司正式成立，油气体制改革取得突破性进展。

2. 进一步对外商外资开放

为促进更高水平的对外开放，积极吸引外商投资，2019年3月全国人大通过《外商投资法》，明确了对外商投资实行准入前国民待遇加负面清单的管理制度。2018年6月，国家发展改革委、商务部发布了《外商投资准入特别管理措施（负面清单）》，取消外资连锁加油站超过30家需中方控股的限制，2019年6月取消了外资进入油气上游勘探开发以及城市燃气领域的限制，这是与油气行业相关的最后两项限制性规定，标志着我国油气行业全面对外开放。

3. 完善油气进出口管理体制，放开原油进口权限

为保障油气供应和提升市场风险防范能力，2015年国家向地方炼厂放开了原油进口权和原油进口使用权。2018年3月，商务部发布《浙江自贸试验区企业申请原油非国营贸易进口资格条件和程序》，非国营贸易企业第一次获得原油进口权，改善了具备原油进口资质企业的结构。2019年，原油非国营贸易进口允许量为2.02亿吨，占当年原油进口总量的40%。

4. 加快油气价格形成机制改革

一是完善成品油价格，更加灵敏地反映市场供需。2013年印发《关于进一步完善成品油价格形成机制的通知》，缩短了调价周期，并取消上下4%的幅度限制；2016年进一步完善成品油价格机制，设置了调控下限和油价调控风险准备金；2020年，国家发展改革委发布最新版《中央定价目录》，推动建立成品油价格暂按现

行价格形成机制。二是按照“管住中间、放开两头”的总体思路，放开气源和销售等竞争性环节价格，加强自然垄断环节的输配价格监管。自2013年起，逐步放开页岩气、煤层气、煤制气、液化天然气（LNG）以及除化肥企业用气外的直供用户用气价格。2016年，明确储气设施相关价格由市场决定。2015年，实现存量气和增量气并轨，门站价格管理方式由最高上限价格管理转变为“基准价+浮动幅度”管理。2018年5月，出台居民用气门站价格改革方案，实现居民用气基准门站价格与非居民用气并轨。积极推动指导油气交易中心建设，上海、重庆石油天然气交易中心对推进油气市场化交易、形成市场价格发挥了重要作用。建立天然气输配领域全环节的价格监管机制，2016年以来按照“准许成本+合理收益”的原则核定管道运输价格，完成第一监管周期输配气价核定。

5. 推进天然气产供储销体系建设，提升储备能力

2018年《关于加快储气设施建设和完善储气调峰辅助服务市场机制的意见》印发实施，加快补足储气能力短板，明确了“地方政府3天日均用气量、城燃企业年用气量5%、供气企业年销售量10%”的储气指标要求。同时，《关于促进天然气协调稳定发展的若干意见》印发实施，系统提出促进天然气协调稳定发展的政策措施。2020年《关于加快推进天然气储备能力建设的实施意见》印发实施，进一步聚焦解决储气能力建设和运营中统筹规划不足、行业标准不够完善、储气价值没有充分体现等瓶颈问题。

专栏 3-1

“X+1+X”油气市场体系

按照《关于深化石油天然气体制改革的若干意见》，实施石油天然气管网运营机制改革，核心是要推动形成上游油气资源多主体多渠道供应、中间“一张网”高效集输、下游销售市场充分竞争的“X+1+X”油气市场体系。要形成第一个“X”，就是要推动上游油气资源多主体多渠道供应。完善并有序放开油气勘查开采体制，允许符合准入要求并获得资质的市场主体参与常规油气勘查开采，同时液化天然气（LNG）接收站向第三方公平开放，鼓励更多国际油气企业参与天然气进口。要形成后一个“X”，是要推动油气市场下游供应主体的多元化。国家管网集团成立后，标志中间“一张网”的独立。国家管网集团将主要负责全国油气干线管道、部分储气调峰设施的投资建设，负责干线管道互联互通与社会管道联通，形成“全国一张网”，负责原油、成品油、天然气的管道输送，并统一负责全国油气干线管网运行调度，定期向社会公开剩余管输和储存能力，实现基础设施向所有符合条件的用户公平开放等。

三、盐业体制改革持续深化，市场化机制不断巩固

深化盐业体制改革以确保食盐质量安全和供应安全为核心，在坚持食盐专营制度基础上推进供给侧结构性改革，建立公平竞争、监管到位的市场环境，培育一批具有核心竞争力的企业，坚持依法治盐，严格市场监管，创新管理方式，健全食盐储备，逐步形成符合我国国情的盐业管理体制。

1. 放开食盐政府定价

《关于放开食盐价格有关事项的通知》印发实施，2017年起逐步放开食盐出厂、批发和零售价格，逐步形成由市场决定食盐价格的定价机制。

2. 逐步形成竞争性盐业市场

进一步完善食盐行业跨区经营政策，明确生产企业进入流通和销售领域以及批发企业跨区经营的具体规定，推动地方向辖区内食盐定点生产企业颁发食盐批发许可证。全国竞争性盐业市场初步形成，31家省级盐业公司、99家食盐定点生产企业、40家多品种盐生产企业以及中盐总公司均成为合法跨区域经营主体。

3. 改革工业盐运销管理

取消对小工业盐及盐产品进入市场的各类限制，放开小工业盐及盐产品市场和价格，取消各地自行设立的两碱工业盐备案制和准运证制度。

4. 推进食盐储备体系建设

各地建立政府食盐储备和企业社会责任储备，实施食盐储备月报制度。明确保障食盐安全稳定供应责任关系，各省拟定应急预案，建立政府食盐储备，对边远贫困地区碘盐供应、建设政府食盐储备、价格监测和价格波动应急干预工作等作出相关安排。

第四节

创新政府管理和服务方式，完善宏观经济治理体制

党的十八大以来，创新政府管理方式改革不断向纵深推进，形成良好改革态势，在解决多年来未能解决的深层次问题上取得重大进展。

一、构建适应经济社会发展要求的宏观调控体系

科学有效的宏观调控，是社会主义市场经济体制的重要组成部分。党的十八大以来，宏观调控体系适应经济社会发展要求，不断推进改革创新，为稳增长、促改革、调结构、惠民生、防风险、保稳定提供了有力支撑，推动经济保持稳中有进态势。

1. 创新完善“区间调控”“定向调控”“相机调控”等调控方式

2013年以来，根据宏观经济运行出现的新特点，为结构性调整和改革留出空间，形成“区间调控”的调控方式，把增长、就业、通胀三个重要的宏观经济指标组合起来，分别作为经济运行的“上限”和“下限”，用组合目标代替单一目标，拓展了宏观调控目标，防止了单一调控目标可能带来的风险，提高了宏观调控的精准性。2014年，围绕解决传统意义上总量调控难以有效引导资源流向薄弱环节，容易导致发展不平衡、不稳定问题，进一步提高宏观调控的精准性，提出在坚持“区间调控”基础上，注重实施“定向调控”，抓住重点领域和关键环节，更多依靠改革的办法，更多运用市场的力量，有针对性地实施“喷灌”“滴灌”，将宏观调控这一常规总量手段赋予了结构工具内涵。2015年，提出更加精准有效实施“相机调控”，强调把握好调控措施出台的时机和力度，不断提高相机抉择的水平。“区间调控”“定向调控”“相机调控”结合运用，为我国进一步完善和创新宏观调控方式奠定了坚实基础。

2. 强化财政、货币、就业、产业、区域、投资、价格等宏观调控政策协调配合

党的十八大以来，以财政政策、货币政策为主，产业政策、区域政策、投资政策、消费政策、价格政策协调配合的政策体系为特征的中国特色宏观调控工具体系加快形成，为宏观调控方式注入新

内涵。在财政政策方面，实施积极的财政政策，实行结构性减税和适当增加财政赤字，全面推进“营改增”，修订《预算法》，改革地方政府融资体制，实现地方存量债务转换，大力发展PPP融资。在货币政策方面，交替使用数量工具和价格工具，推出常备借贷便利、短期抵押贷款、中长期融资债券等新的数量工具，推进利率市场化改革，建立存款保险制度，放宽民营银行准入限制，完善外汇储备经营管理体制机制。与此同时，深入推进国有企业、价格体制、科技体制等领域改革，化解过剩产能，加快制造业高质量发展，大力实施创新驱动战略，加强各类政策与财政货币政策的协调配合。

3. 强化国家中长期规划和年度计划对宏观政策的引导约束作用

制定实施“十三五”规划纲要，每年制定国民经济和社会发展年度计划，开展“十二五”规划终期评估和“十三五”规划中期评估，增强国家中长期规划和年度计划对公共预算、国土开发、资源配置等政策措施的宏观引导、统筹协调功能，实现宏观调控目标和手段的有机结合，提高规划的引领性、指导性和约束性，发挥好国家发展规划的战略导向作用。

党的十八大以来，宏观调控将经济增长、就业、价格总水平、国际收支平衡等主要指标保持在合理区间，进一步改善创新驱动、资源节约、生态保护、社会保障等反映经济质量效益的指标，我国经济保持总体平稳、稳中有进，2013—2019年，我国经济总量年均增长约7%，在世界主要国家中名列前茅，连续多年对世界经济增长贡献率达30%左右。

二、简政放权、放管结合、优化服务改革持续向纵深推进

党的十八大以来，简政放权、放管结合、优化服务改革取得重要阶段性成果。在简政放权方面，行政审批事项、企业投资核准项目大幅削减，非行政许可事项彻底终结，商事制度实现根本性变革，将“放管服”改革与大规模减税降费，特别是由点及面推开的“营改增”结合起来。

1. 行政审批大幅减少

各地区、各部门围绕减审批、降成本、压时限，持续向市场主体放权让利，《国务院关于取消和下放一批行政审批项目等事项的决定》《国务院关于取消和下放50项行政审批项目等事项的决定》《国务院关于取消非行政许可审批事项的决定》《国务院关于进一步压减工业产品生产许可证管理目录和简化审批程序的决定》等文件印发实施后，国务院有关部门取消和下放行政审批事项的比例超过40%，不少地方超过70%；取消了“非行政许可”这一审批类别，非行政许可审批彻底终结；将工业生产许可证种类压减1/3以上。地方政府有序开展“接、放、转”，改革力度持续加大，多数省份行政审批事项减少50%左右，有的达到70%。比如，上海改革

以审批发证为主要内容的传统管理体制，改革事项中，采取取消审批、审批改备案、实行告知承诺方式进行改革的超过50%。改革激发了市场新活力，为经济运行延续总体平稳、稳中有进的态势提供了有力支撑。

2. 企业投资项目由核准制改备案制

连续3次修订政府核准的投资项目目录，中央层面核准的项目比2013年减少90%以上，95%以上的外商投资项目和98%以上的境外投资项目改为网上备案制。《国务院关于印发清理规范投资项目报建审批事项实施方案的通知》印发实施后，将投资项目报建审批事项由65项减少至42项。从上到下，各级政府只保留规划选址、用地预审以及极少数重特大项目环评审批“两项半”前置审批事项，其他审批事项一律与核准并联办理。南京取消、合并、压缩审批事项和环节后，建设项目平均审批时间从改革前的200多天压缩至约30天，企业平均申报材料从原来的近100份减少至56份。

3. 职业资格许可大幅削减

为加大职业资格许可和认定事项清理力度，《国务院关于取消一批职业资格许可和认定事项的决定》印发实施，取消的职业资格许可和认定事项占国务院各部门设置总数的70%以上。国家职业资格目录清单建立实施，清单之内除准入类职业资格外一律不与就业创业挂钩。职业资格和认定事项的减少，有效降低了社会创业就业门槛和企业负担。

4. 行政审批中介服务事项加快清理

针对行政审批中介服务存在环节多、耗时长、收费乱、垄断性强等问题，《国务院办公厅关于清理规范国务院部门行政审批中介服务的通知》印发实施，坚决砍掉各种不合理的审批中介事项。党的十八大以来，国务院清理规范国务院部门行政审批中介服务事项300多项，超过70%的中介服务不再作为审批要件。

5. 商事制度明显简化

《国务院关于加快推进“三证合一”登记制度改革的意见》《国务院关于进一步削减工商登记前置审批事项的决定》《国务院办公厅关于推进“多证合一”改革的指导意见》先后印发实施。工商登记由“先证后照”改为“先照后证”，工商登记前置审批事项中的87%改为后置审批或取消。注册资本由实缴制改为认缴登记制，从工商营业执照、组织机构代码证和税务登记证的“三证合一、一照一码”，到工商营业执照、组织机构代码证和税务、社会保险、统计登记证的“五证合一”，再到将涉及市场主体登记、备案等有关事项和各类证照进一步整合到营业执照上的“多证合一”，有的地方已经实现“三十四证合一”。“多证合一”简化了证照手续，“一照一码”营业执照成为企业走天下的唯一“身份证”，企业逐步实现“一照一码”走天下。全国31个省（区、市）全部开通了全程电子化登记系统，推行电子营业执照和全程电子化登记管理，使企业办事环节和材料大幅简化，企业注册登记所需时间大幅缩短，便利化程度大为提高，降低了企业准入门槛和生产经营成本。

6. 企业税费负担显著降低

《国务院关于清理规范税收等优惠政策的通知》《降低实体经济企业成本工作方案》先后印发实施，全面推开营改增，出台中小微企业税收优惠政策，大力清理行政事业性收费、政府基金等，重点查处利用行政权力垄断经营、强制服务、强制收费等违法行为，取消、停征、减免中央和省级政府行政事业性收费1 100多项，其中中央设立的涉企行政事业性收费项目减少69%、政府性基金减少30%，每年减轻企业负担1 500亿元。中央政府定价项目减少80%，中央对地方财政专项转移支付项目减少一半以上。地方纷纷制定涉企经营服务收费目录清单制度、进出口环节涉企经营服务收费目录清单制度、涉企行政审批前置服务收费清单制度，取消、降低行政事业性和经营服务性收费。

持续推进“放管服”改革明显改善我国营商环境，世界银行报告显示，中国营商环境全球排名由2018年的第46位大幅跃升至2019年的第31位，连续两年成为全球优化营商环境改善幅度最大的十大经济体之一。据统计，截至2019年底，市场主体数量与2013年相比增加了一倍多，达到了1.23亿户；其中，党的十八届三中全会以来新设市场主体占70%以上。

三、行业协会商会与行政机关脱钩改革取得积极进展

行业协会商会与行政机关脱钩改革是党的十八届二中、三中全

会确定的一项重要改革任务。2015年以来，脱钩改革稳步推进，取得积极进展。到2020年底，7万多家行业协会商会将在机构、职能、资产财务、人员管理、党建外事等方面实现与行政机关分离，政会分开、管办分离、自主办会、有效监管的新型管理体制基本建立。

1. 行业协会商会脱钩改革即将全面完成，行业协会商会实现独立运行、自主办会

2015年6月，中共中央办公厅、国务院办公厅印发《行业协会商会与行政机关脱钩总体方案》，对改革进行全面部署和安排。脱钩改革坚持试点先行、分步稳妥推进，先后于2015年11月、2016年6月、2017年1月分三批梯次开展全国性行业协会商会脱钩试点，各省（区、市）脱钩试点同步开展。在总结试点经验基础上，2019年6月《关于全面推开行业协会商会与行政机关脱钩改革的实施意见》印发实施，脱钩改革全面推开，795家全国性行业协会商会、约7万家地方行业协会商会纳入改革范围。截至2020年6月，超过70%的行业协会商会完成脱钩改革，包括422家全国性协会和5万多家地方协会。其余373家全国性协会、近2万家地方协会正在稳步实施脱钩改革。2020年底前，脱钩改革将全面完成。

脱钩后，行业协会商会与行政机关在机构、职能、资产财务、人员管理、党建外事五方面实现“五分离、五规范”。一是实现机构分离，规范综合监管关系。取消行政机关与协会的主办、主管、联系和挂靠关系，协会依法直接登记、独立运行，行政机关根据职能为协会提供服务并依法监管。二是实现职能分离，规范行政委托

和职责分工关系。剥离协会现有行政职能，同时行政机关制定清单目录，按程序转移适合由协会承担的职能。三是实现资产财务分离，规范财产关系。对脱钩协会进行资产清查核实，维护国有资产安全完整。脱钩后，协会实行财务独立管理，取消财政直接拨款，转为通过政府购买服务等方式支持协会发展。脱钩协会按规定腾退了行政办公用房，全部实现了办公场所独立。四是实现人员管理分离，规范用人关系。脱钩后，协会依章程自主选人用人，行政机关不再推荐、安排在职或退（离）休公务员到协会任职兼职，对已在协会任职兼职的公务员按规定进行了清理。五是实现党建外事等事项分离，规范管理关系。脱钩后，全国性协会党建工作分别由中央和国家机关工委、国资委党委领导，各地确定专门机构统一领导协会党建工作。建立外事工作属地化管理体制，外事工作由协会驻地政府承担，取消出国审批等，便利协会对外交往。

2. 行业协会商会新型管理体制基本建立，新型政会关系正在形成

为适应协会脱钩后的新体制、新要求，有关部门陆续制定出台了综合监管、党建管理、负责人任职、经费支持方式改革、国有资产管理、政府购买服务、事业单位机构编制调整、外事属地化管理、行政办公用房、公共信息平台建设等10个配套文件和一系列补充文件，各地也积极探索，制定了有针对性的脱钩实施方案和具体措施，形成了“1+1+10+N”（即1个总体方案、1个实施意见、10个配套文件、多项补充文件和地方实施方案）的政策制度框架

体系，对脱钩后的新型管理体制进行总体规范，真正做到“脱钩不脱管”“脱钩不脱缰”。

脱钩后，对行业协会商会的管理，由原来的登记管理机关和业务主管单位双重管理体制，转变为党建引领、专业监管、行业管理、社会监督、协会自治相结合的新型管理体制，清晰、紧密、协同、互促的新型政会关系正在形成。

3. 行业协会商会党建工作得到加强，基本实现党的组织覆盖和工作覆盖

加强行业协会商会党建工作，是脱钩改革的重中之重。改革以来，各地各部门把加强协会党建工作作为一项重要政治任务，纳入党建工作总体布局，在脱钩改革中同步健全党的组织、同步加强党务工作力量、同步完善党建工作体制、同步推进党的工作，确保脱钩过程中党的工作不间断、党组织作用不削弱。一是顺利完成党建工作移交。以全国性协会为例，截至2019年底，中央和国家机关工委完成了244家协会党建接收工作，现有基层党组织214个；国资委党委完成了313家协会党建接收工作，现有基层党组织454个。二是不断扩大党的组织覆盖和工作覆盖。开展“两个全覆盖”专项工作，凡有3名以上党员的，均建立党支部；党员不满3人的，建立联合党支部；秘书处由企事业单位承办的，纳入相关单位党组织管理；对暂不具备党组织组建条件的行业协会商会，选派既懂党建又熟悉业务的党员担任党建工作指导员，实现指导工作全覆盖。三是严格审核负责人人选。脱钩后，协会选举负责人之前要由党建工作机构审

核协会负责人人选，确保候选人政治合格、业务过硬、熟悉行业。

行业协会商会与行政机关脱钩改革，为进一步理顺政府、市场、社会三者关系创造了条件，有力推动了政府职能加快转变，实现了行业协会商会依法自治，激发了行业协会商会内在活力和发展动力，有效促进了行业协会商会健康有序发展。一是有效切断了行业协会商会与政府的利益联系，“二政府”顽疾基本破除。脱钩改革取消了行政机关与行业协会商会的隶属关系，行业协会商会的行政色彩明显弱化，重新回归协会服务会员的本职。二是有效推动了政府职能加快转变，“放管服”改革持续深化。脱钩改革进一步厘清了政府和协会的职能边界，促使行政机关把不该管、也管不好，协会却可以发挥特长和优势的事务性工作和公共服务事项通过政府购买服务等形式交给协会承担，从而将更多精力从细琐的具体事务中解放出来，专注行业宏观管理。三是有效激发了行业协会商会内在活力和发展动力，独特优势和积极作用进一步发挥。第三方评估显示，超过70%的协会认为，脱钩后，协会有了更多自主权，减少了束缚，放开了手脚，激发了活力，自身优势和作用得到了进一步发挥。很多协会主动适应改革变化，完善法人治理结构，加快建立更加灵活高效的内部管理机制，引入优秀人才和先进技术提升专业化水平，显著提升了自我发展能力。四是有效强化了党对行业协会商会的领导，党组织的战斗堡垒作用得到加强。改革后，协会党建工作管理体制和运行机制进一步完善，健全基层组织，理顺隶属关系，创新活动方式，党对协会的领导得到了有效强化。五是有效促进了行业协会商会规范发展，自治自律水平明显提升。清晰的运行边界、明确的监管条件、扎实的支持政策，使得行业协会商会的治理结构加快完善，内在活力得以激发，发展潜力得以挖掘，转型动力持续释放，越来越多的协会在新的环境下修炼内功，开拓创新，不断提升自身在行业的地位和影响力。

专栏 3-2

脱钩后的行业协会商会更好发挥作用

更好地服务于企业和行业发展

脱钩后，行业协会商会成为独立、自治的社会组织，业务范围不再局限于原业务主管单位交办的事项，可以挖掘自身潜力与优势，开发出更优质、更丰富的服务项目，更好地为企业、行业的发展提供智力支撑，服务对象从以政府为主转向更广阔的市场。协会更加及时准确了解和反映行业情况和企业诉求，主动维护行业和企业合法权益。比如，中国机电产品进出口商会累计带领机电企业应对了380多起反倾销、反补贴和重点调查案件，有力维护了我国产业发展和企业权益。再比如，全国体育运动学校联合会脱钩以来，行业服务项目从无到有，会员单位从56家增加到300多家。截至2019年底，800多家全国性行业协会商会基本都制定了行规行约等自律制度。通过制定行规行约和道德准则，积极发挥行业自律惩戒作用。

更好地服务于宏观调控和行业管理

脱钩后，协会更加主动地发挥优势，为宏观经济部门提供专业化决策咨询和翔实的数据信息，配合行业管理部门推进行业立法、规划编制、标准制定、数据统计、评估评价、诚信体系建设等工作，在促进产业转型升级和推进供给侧结构性改革中发挥积极作用。比如，钢铁、煤炭去产能和电力、石油天然气、盐业体制改革的很多工作，都是依托相关行业协会来推进的。此外，协会还积极拓展为政府服务的渠道和方式，主动加强与各个相关部门的沟通联系，主动为政策制定建言献策，主动协助政府做好行业管理的各项工作，当好中心工作的“助推器”。

更好地服务于产业转型和技术进步

经济转型升级的关键时期，行业协会商会抓住机遇，在新产品开发指导、行业共性技术创新平台建设、上下游产业链合作等方面，有力推动行业转型升级。一些行业协会商会还要配合落实好供给侧结构性改革的重点任务，通过订立行业标准、制定行业规划，更好地发挥行业引领与规范作用，引导企业健康有序发展，促进行业技术革新与产业融合发展。比如，2020年初新冠肺炎疫情暴发，民用口罩需要骤增，中国产业用纺织品协会发现民用口罩存在采标乱、市场监管难、消费者无从辨别、儿童口罩国内相关标准无专门规定等一系列问题，于是紧急牵头制定发布《民用卫生口罩》团体标准，改变了市场无标可依、无标可查的现状，为口罩企业、消费者、市场监管部门提供了标准依据。

专栏 3-3

行业协会商会有效提升自我发展能力

脱钩改革有效推动了协会商会转换机制，更好地服务国家、服务社会、服务群众、服务行业，为经济社会持续健康发展提供了全新动力。

内部管理能力提升

行业协会商会脱钩后，在党建工作引领下，更加注重并加强自身建设，同时也积极建立起更加灵活高效的新型管理体制和运行机制，不断提高行业协会商会管理水平和运行效率。部分全国性协会商会在脱钩后实现了人员、用房、收入等从无到有的转变。比如，中国烟花爆竹协会脱钩后新一届理事会成立的当年，收回累计会费欠款近84万元，截至12月底，全年会费共收取310万元，是历史最高纪录2013年创会时期的141万元的2.2倍，比2017年协会会费83万元超出227万元，协会财务状况大大改善。

业务拓展能力提升

通过明确战略发展方向、吸引优秀人才，以及利用先进技术提升专业化水平，一大批脱钩后的协会商会焕发生机，拓展全新业务，引领行业发展。比如，中国家用电器协会积极服务会员企业，为满足会员企业的技术创新需求，积极开展团体标准建设，建立技术委员会、各分产品专业委员会等多个平台，积极推进技术的国际交流，同时，发挥协调作用，面向世界为我国家电行业引进优质资源和人才，有力推动了中国家电行业的国际化进程。此外，行业协会商会在脱贫攻坚、“一带一路”建设和区域经济协同发展等工作中也积极作为，取得了较好成效。

社会责任意识提升

脱钩后，行业协会商会在倡导企业守法诚信、规范经营、回馈社会，推动和引导企业发展低碳经济、促进节能减排、加强劳动保护、构建行业诚信体系、保护消费者权益等方面继续发挥着积极作用。2020年，新冠肺炎疫情期间，脱钩行业协会尤其是全国性行业协会积极行动，不仅在疫情初期组织职工和会员企业捐款捐物，组织力量抗疫；在疫情缓解后，更是多措并举，精准施策，全力支持各地企业特别是湖北民营中小企业复工复产。比如，在中国非公立医疗机构协会的组织动员下，全国共有593家社会办医院参与防疫一线工作，累计派遣244个医疗队共3 860名医护人员参与救治工作；中国食用菌协会与湖北食用菌企业建立实时联络机制，持续跟踪产销动态，利用行业大数据平台，加强生产监测，提前做好预案，预先安排下游企业做好上市食用菌采购准备等。

第五节

探索改革实现路径和实现形式，发挥试点对改革的示范引领作用

习近平总书记指出，试点是改革的重要任务，更是改革的重要方法。试点能否迈开步子、趟出路子，直接关系改革成效[1]。党的十八大以来，党中央部署开展了系列重大改革试点，为推进全国面上改革作示范引领作用，积累了丰富经验。

一、顶层设计与基层探索实现良性互动、有机结合

习近平总书记指出，摸着石头过河和加强顶层设计是辩证统一

[1] 在中央全面深化改革领导小组第十三次会议上的讲话（2015年6月5日），《人民日报》2015年6月6日。

的，推进局部的阶段性改革要在加强顶层设计的前提下进行，加强顶层设计要在推进局部的阶段性改革的基础上来谋划[1]。改革试点是自上而下和自下而上改革有机结合、实现顶层设计和基层探索良性互动的重要方式。通过顶层设计与基层探索相互作用，推动改革不断取得突破。

一方面，顶层设计引领、规划、指导基层实践，确保改革试点沿着正确方向前进。以习近平同志为核心的党中央高度重视改革试点的顶层设计工作，不断加强试点工作统筹，合理把握改革试点工作节奏，准确把握改革试点方向，加大组织和协调工作力度，确保改革试点取得成效。十八届中央全面深化改革领导小组第二十二次会议和第三十七次会议，专门研究了改革试点工作，分别审议了《关于加强和规范改革试点工作的意见》和《党的十八届三中全会以来改革试点工作进展情况报告》。截至2020年7月，十九届中央全面深化改革委员会会议召开14次，涉及研究试点工作的有10次。党的十八大以来，改革试点涉及范围之广、出台方案之多、触及利益之深、推进力度之大前所未有，试点项目涉及经济体制、政治体制、文化体制、社会体制、生态文明体制等各方面改革。顶层设计不仅为基层实践活动提供了指导思想和实践方向，而且使各方面、各层次的实践活动及其相互关系协同推进，形成实践合力。

[1] 在十八届中央政治局第二次集体学习时的讲话（2012年12月31日），《人民日报》2013年1月1日。

另一方面，基层探索落实、试验、完善顶层设计，为顶层设计提供理论基础和源头活水。党的十八大以来，为鼓励基层大胆探索，建起改革的“前哨站”“侦察岗”，在上海市开展群团改革试点、司法体制综合配套改革试点、设立科创板并试点注册制，在宁夏回族自治区开展“多规合一”试点，在杭州试点设立互联网法院，开展海南热带雨林国家公园体制试点。2013年，在11个国家综合配套改革试验区的基础上，国务院批准设立黑龙江省“两大平原”现代农业综合配套改革试验区。2013年9月至2019年8月，我国分5批先后设立了上海、广东、天津、福建、辽宁、浙江、河南、湖北、重庆、四川、陕西、海南、山东、江苏、广西、河北、云南、黑龙江等18个自贸试验区，并对上海自贸试验区进行扩区，形成了东西南北中、陆海统筹开放态势。2020年6月1日，中共中央、国务院印发《海南自由贸易港建设总体方案》。自由贸易试验区成为新时代改革开放的新高地，试验区以制度建设为核心，简政放权、放管结合、优化服务，推动投资、贸易、金融、事中事后监管等多个方面进行大胆探索，形成大量可复制、可推广的改革创新成果，在全国形成示范带动效应。

二、改革试点在重大领域取得积极进展

党的十八大以来，以国家综合配套改革试验区为代表的改革试点地区，按照全面深化改革的总体要求，贯彻落实新发展理念，坚

持以供给侧结构性改革为主线，以制度创新为核心，把解决试点中的问题与攻克面上共性难题结合起来，创造了很多新做法新经验，为经济社会发展注入了新的动力和活力。

1. 围绕优化营商环境，深化“放管服”改革

上海浦东新区加快转变政府职能，深化“证照分离”改革试点，推进落实“六个双”政府监管创新，完善“四位一体”的事中事后监管格局，探索“一业一证”改革。深圳市建成商事主体信用监管公示平台，探索“无人干预、自动审批、即时办结”的政务“秒批”模式。义乌市打造“无证明城市”，通过直接取消、个人承诺、部门核查和信息共享方式取消270项证明材料，群众和企业在行政审批和公共服务办事中无须提供任何证明材料。沈阳市建立企业评议政府服务机制，每半年组织一次企业对政府部门进行评议，评议结果向社会公开发布，并作为干部评先选优、奖励惩处等的重要依据。天津滨海新区推进“一企一证”改革，把一个企业开展多个行业经营涉及的多项行政许可事项，整合为一张载有相关行政许可信息的新型行政许可证，实现“一个申报窗口、一张告知单、一张申请表、一次踏勘、一证覆盖”全链条流程管理，企业经营不同行业只需取得一张许可证。山西全面取消项目审批施工图审查，各项行政许可不再将审查相关文件作为前置条件，同步推进告知承诺制和相关设计人员终身责任制。

2. 围绕增强微观主体活力，加快国企混改和国资监管改革

山西省以管资本为主完善国资监管体制，开展投资运营公司直

接授权试点，加快国资监管职能转变，梳理出资人监管权力和责任两个清单。深圳市优化国资布局结构，制定市属国企资源整合“1+N”方案，开展走出去合作创新战略，全面推进混合所有制改革，率先开展区域性国资国企综合改革试验。沈阳市将混合所有制改革引向深入，健全现代企业治理机制，实施对标先进、结果导向的业绩评价模式，强化管理和考核机制，完善创造分享、末位淘汰的激励约束机制，建立全程监管、财务全覆盖的风险防控机制；加快推进国资国企重要领域和关键环节改革专项工作，推动“一企一策”改革，改组组建国有资本投资运营公司，完善企业法人治理结构、市场化选聘经理层等配套改革方案。

3. 围绕创新驱动发展，完善激励兼容的创新机制

深圳市实施财政性资金有偿使用和事后资助制度，在工业用地中增加新型产业用地“M0”门类，抓关键要素激发科技人才创新积极性，系统构建各类创新平台载体。采取量身定制的政策措施，培育集科学发展、技术发明、产业发展于一体的新型研发机构，强化知识产权保护和运用。成都市推行职务科技成果产权制度改革，将职务科技成果“国家所有”变为“国家、职务发明人共同所有”，以产权激励推动科技创新供需对接。上海市浦东新区设立新区小微企业增信基金，改善新区“双创”企业的融资环境。

4. 围绕新型城镇化，健全城乡融合发展体制机制

成渝试验区深入推进农村土地征收、集体经营性建设用地入市、宅基地制度改革试点，完善农村产权权能、“长久不变”实现

形式，健全土地经营登记颁证、价格评估和抵押贷款制度，共建共营打造区域农村产权交易市场，多途径推动农户自愿有偿退出宅基地。黑龙江省“两大平原”试验区建立涉农资金统筹整合长效机制，构建现代农业生产经营体系，加快推进农业现代化。山西省开展“点供”用地双平衡试点，在城镇开发边界以外，按照建（构）筑物占地面积等点状布局，按建多少、转多少、征（占用）多少的原则点状报批，按规划用地性质和土地用途灵活点状供应。义乌市创新“集地券”鼓励农民自愿退出宅基地，将闲置、废弃和低效建设用地先实施复垦，验收合格形成建设用地指标“集地券”，推动国有建设用地与集体建设用地置换入市。

5. 围绕绿色发展，完善多元环境治理体系

长株潭城市群试验区多年来以“两型”社会建设引领绿色发展，健全两型社会和生态文明建设标准体系，深化两型认证和贯标试点，开展生态环境损害赔偿制度改革，实施强制委托第三方治理。武汉城市圈开展碳配额质押融资等金融创新业务，根据项目运行、减排量产出等具体情况灵活设置还款期和贷款额度，帮助企业盘活碳配额资产，降低中小企业授信门槛。深圳市建立城市生态系统生产总值（GEP）核算体系，将城市生态功能价值化，定量核算城市生态系统的产出和效益，推动城市GEP进决策、进规划、进项目、进考核。山西省建立煤层气资源市场化竞争出让和退出制度，对新出让煤层气勘查区块实行合同制管理，对不足法定最低勘查投入要求的煤层气区块实施核减和退出。

6. 围绕构建开放型经济新体制，创新市场采购贸易方式

义乌市全力推进国际贸易综合改革，创新市场采购贸易方式，完善“义新欧”中欧班列市场化、常态化运行机制，探索“买全球、卖全球”新机制新模式，与阿里巴巴集团共建电子世界贸易平台（eWTP）全球创新中心。上海浦东新区推出全国首张跨境服务贸易负面清单，更好对标国际规则，在金融、电信、互联网、航运服务、专业服务等领域放宽和取消与跨境交付、境外消费等模式相关的限制性措施，进一步提升服务贸易国际竞争力。厦门市实现与台湾地区职业技能证书“一市两标”标准互通，台湾同胞技术人士可对应享受大陆职业资格证书同等政策，支持台湾人才在大陆创业就业。

试点的目的就是通过对局部地区或某些部门领域的改革试验，总结成败得失，完善改革方案，寻找规律，把解决试点中的问题与攻克面上共性难题结合起来，探索改革的实现路径和实现形式，为面上改革提供可复制可推广的经验做法。在推进改革过程中，要坚持试点先行和全面推进相促进，既鼓励大胆试、大胆闯，又坚持实事求是、善作善成，确保了改革开放行稳致远。建设自由贸易试验区是以习近平同志为核心的党中央在新时代推进改革开放的一项战略举措，在我国改革开放进程中具有里程碑意义。按照党中央、国务院决策部署，自贸试验区所在地方和有关部门结合各自贸试验区功能定位和特色特点，全力推进制度创新实践，形成了自贸试验区大量改革试点经验，分批分类分区域复制推广223条改革试点成果。

专栏 3-4

自由贸易试验区典型经验复制推广

第一批自贸试验区改革试点经验以中国（上海）自由贸易试验区为主。在全国范围内复制推广的改革事项主要集中于投资管理领域、贸易便利化领域、金融领域、服务业开放领域、事中事后监管措施等，在全国其他海关特殊监管区域复制推广的改革事项包括海关监管制度创新和检验检疫制度创新。

第二批自贸试验区改革试点经验主要来自广东、天津、福建、上海自由贸易试验区。在全国范围内复制推广的改革事项集中于投资管理领域、贸易便利化领域、事中事后监管措施。在海关特殊监管区域复制推广的改革事项包括："入境维修产品监管新模式""一次备案，多次使用""委内加工监管""仓储货物按状态分类监管""大宗商品现货保税交易""保税展示交易货物分线监管、预检验和登记核销管理模式""海关特殊监管区域间保税货物流转监管模式"等7项。

第三批自贸试验区改革试点经验主要来自上海、广东、福建、天津自由贸易试验区。向全国范围内复制推广改革试点经验包括“会展检验检疫监管新模式”“进口研发样品便利化监管制度”“海事集约登轮检查制度”“融资租赁公司收取外币租金”“市场主体名称登记便利化改革”等5项内容。

第四批复制推广的自贸试验区改革试点经验主要有30项。在全国范围内复制推广27项，其中服务业开放领域5项、投资管理领域6项、贸易便利化领域9项、事中事后监管措施7项。

第五批在全国范围内复制推广17项，其中投资管理领域5项、贸易便利化领域6项、事中事后监管措施6项。

第六批在全国范围内复制推广31项改革事项，其中投资管理领域9项、贸易便利化领域7项、金融开放创新领域4项、事中事后监管措施6项、人力资源领域5项。

三、改革决策和立法决策有机衔接，确保重大改革于法有据

党的十八大以来，坚持以立法引领、保障和推动重大改革举措，按照法定程序作出授权决定，为局部或者特定领域先行先试提供法律依据和支持。

近年来，全国人大及其常委会作出的授权决定和改革决定，涉及行政审批制度改革、农村集体土地使用制度改革、金融体制改革、司法体制改革、公务员制度改革、社会保险制度改革、军官制度改革等。2015年2月全国人大常委会通过授权决定，授权国务院在33个试点县行政区域内暂停实施土地管理法的5个条款、城市房地产管理法的1个条款。2020年4月29日，十三届全国人大常委会第十七次会议决定授权国务院在中国（海南）自由贸易试验区暂时调整适用《中华人民共和国土地管理法》《中华人民共和国种子法》《中华人民共和国海商法》的有关法律规定，暂时调整适用的期限至2024年12月31日。全国人大常委会的法律特别授权，不仅推进改革试点不偏离法治轨道，而且激励试点地方充分利用宪法和法律提供的制度空间和条件，大胆探索和创新，发挥试点先行先试的作用。

坚持在改革试点中完善法制，推动成熟有效的试点经验及时上升为法律。在研究改革方案和改革措施时，要同步考虑改革涉及的立法问题，及时提出立法需求和立法建议。实践证明行之有效的，要及时上升为法律。实践条件还不成熟、需要先行先试的，要按照法定程序作出授权。对不适应改革要求的法律法规，要及时修改或废止。要加强法律解释工作，及时明确法律规定含义和适用法律依据。2014年，中央全面深化改革领导小组第七次会议审议通过了《关于农村土地征收、集体经营性建设用地入市、宅基地改革试点工作的意见》，在全国部署农村土地制度改革试点工作。2015年，中共中央印发了《关于农村土地征收、集体经营性建设用地入市、宅基地改革试点工作的意见》，并开始在全国33个地区实行为期两年的试点。2017年底，试点延期一年至2018年底结束。农村土地征收、集体经营性建设用地入市、宅基地制度改革试点工作进展顺利，有力支撑了土地管理法修改。2019年8月26日，十三届全国人大常委会第十二次会议表决通过关于修改土地管理法、城市房地产管理法的决定。新修改的土地管理法，把农村“三块地”改革的成功经验全部吸收到土地管理法中，在农村土地管理方面作出了多项创新性的规定。

学习贯彻习近平新时代中国特色社会主义经济思想

做好“十四五”规划编制和发展改革工作

| 系列丛书 |

第四章

“十四五”时期加快完善社会主义市场经济体制面临的新形势

改革开放是当代中国最鲜明的时代特色。在以习近平同志为核心的党中央坚强领导下，重点领域和关键环节改革成效显著，主要领域基础性制度体系基本形成，改革的思想基础、实践基础、制度基础、民心基础更加坚实，为“十四五”时期坚持和完善社会主义市场经济体制提供了有利条件。当前，世界正经历百年未有之大变局，与我国发展同步交织、相互激荡。尤其是新冠肺炎疫情发生以后，国际政治经济面临更大不确定性，世界大变局加速演变的特征更趋明显，全球动荡源和风险点显著增多。面对国内外的重大机遇与挑战，必须发挥好改革的突破和先导作用，依靠改革应对变局、开拓新局。

第一节

世界正经历百年未有之大变局，要求依靠改革应对变局、开拓新局

2019年6月，在第二十三届圣彼得堡国际经济论坛全会上，习近平主席对世界百年未有之大变局的特征作出了三个“前所未有”的高度概括，指出“当今世界正经历百年未有之大变局。新兴市场国家和发展中国家的崛起速度之快前所未有，新一轮科技革命和产业变革带来的新陈代谢和激烈竞争前所未有，全球治理体系与国际形势变化的不适应、不对称前所未有”。这三个“前所未有”，揭示了世界百年未有之大变局是全球范围内生产力与生产关系、经济基础与上层建筑同步发生深刻变化的结果。

当今世界正经历深刻复杂之大变革、大调整，我们必须适应经济全球化新趋势、准确判断国际形势新变化、深刻把握改革发展新

要求，在更加不稳定、不确定的世界中谋发展，运用辩证思维谋划改革发展，在危机中育新机、于变局中开新局。发展环境越是严峻复杂，越要坚定不移深化改革，善于运用制度优势应对风险挑战冲击，以扩大开放促进深化改革，以深化改革促进扩大开放，为经济发展注入新动力、拓展新空间。

一、全球政治经济形势面临更多不确定性，对推动更高水平开放型经济新体制建设提出更高要求

近年来，以贸易保护主义和民粹主义为旗号的逆全球化潮流在美国等发达国家泛起，多边主义和自由贸易体制受到威胁，经济全球化遭遇阻力。特别是2020年以来，新冠肺炎疫情使世界经济陷入“二战”以来程度最深的经济衰退，全球贸易和投资深度萎缩，政府债务大幅提高，金融风险显著上升，世界经济复苏面临的挑战更加严峻复杂。疫情促使各国经济走势进一步分化，一些国家特别是发展中国家经济社会面临严重困难。这些变化对深化我国经济体制改革带来了更多的外部不确定性。

1. 贸易保护主义和逆全球化趋势，要求推动更高水平的制度型开放

面对近年来全球化逆潮的冲击，我国必须加快推动更高水平开放型经济新体制建设。一是坚持和完善中国特色社会主义制度、推进国家治理体系和治理能力现代化的需要。建设更高水平开放

型经济新体制，加快建设与国际高标准贸易和投资通行规则相互衔接的市场规则制度体系，有利于加快完善社会主义市场经济体制，推进国家治理体系和治理能力现代化。二是全面深化改革的需要。以开放促改革是我国的一条重要经验，实践证明，开放往往能为改革带来新的动力，从而变被动改革为主动改革。通过建设更高水平开放型经济新体制，主动开放，自主开放，变外部压力为内生动力，以开放促改革、以改革促发展，能够不断激发市场活力，增进人民福祉。三是抓住和用好我国发展重要战略机遇期的需要。面对百年未有之大变局，加快发展更高层次的开放型经济，主动参与国际经贸规则制定，推动经济全球化朝着更加开放、包容、普惠、平衡、共赢的方向发展，既是顺应大势拓展我国自身发展空间的需要，也是主动作为彰显我国大国担当、为全球经济治理作出贡献的需要。

2. 世界贸易和投资争端加剧，需要我国通过改善营商环境提升投资贸易便利化水平

国际形势新变化新格局对贸易环境提出更高要求，需要我国打造营商环境新高地。历史经验证明，危机常常是变革的动力，在贸易保护主义愈演愈烈和逆全球化思潮不断发酵的情形下，贸易摩擦加剧，全球贸易在曲折调整中前行，这对各国贸易环境提出了更高要求，也在一定程度上刺激了贸易格局的改变。这就要求我们准确把握经济全球化新趋势和我国对外开放新要求，紧扣重要战略机遇期新内涵，努力在经济全球化中抢占先机、赢得主动，坚定不移按

照营造国际一流营商环境的要求，聚焦痛点、难点、堵点问题，不断打造营商环境新高地，不断为市场活力充分迸发创造良好环境，加快形成全方位、多层次、宽领域的全面开放新格局，化危为机、转危为安。

3. 全球治理体系变革对完善产业政策体系和区域政策体系提出了更高的要求

产业政策方面，多年来我国实施的以主导产业选择和培育为重点的产业政策对促进经济增长与结构调整发挥了积极作用，但也在一定程度上带来了资源配置扭曲、市场公平竞争受损等问题。全球治理参与程度的提高，客观上要求我国产业政策加快与国际规则对接，减少扭曲市场的不当干预。推动自贸区建设，需要对标高水平贸易投资规则，构建与高标准全球经贸规则相衔接的国内规则和制度体系。区域政策方面，得益于各项区域发展战略的实施，近年来，我国各区域的经济总量不断跃上新台阶，经济结构持续优化，区域发展差距不断缩小。随着我国更多参与全球治理，亟须进一步打破区域分割、市场壁垒，营造权利平等、机会平等、规则平等的发展环境。

二、新一轮科技革命和产业变革带来了生产方式调整，对我国经济体制改革提出了新要求

当前，以人工智能、大数据、物联网为标志的新技术革命持续

深化，科技创新进入空前密集活跃期，基础前沿领域孕育重大突破，新技术、新应用持续涌现，国际科技竞争态势更趋激烈，科技创新日益成为引发国际格局和治理体系重构的核心变量，正在对国际产业分工、经济发展方式、全球治理体系等产生深刻影响。新一轮科技革命和产业变革为我国发展提供了难得的重大机遇，但也面临不少新挑战，对我国科技创新体制机制提出了新要求。

1. 产权制度必须更加适应新技术革命要求

产权制度是社会主义市场经济的基石，保护产权是坚持社会主义基本经济制度的必然要求。新一轮科技革命和产业变革已经带来了生产方式的重大变革，但与之相适应的产权制度尤其是知识产权保护制度有待完善。如大数据的知识产权保护迫在眉睫。我国仍有大量数据不在知识产权保护的范围之内，围绕大数据的所有权，不断引发出数据隐私、数据安全及数据权属等方面的问题。

2. 竞争政策基础地位必须进一步强化

竞争政策是塑造市场竞争规则，调节企业竞争行为的重要政策。尽管近年来我国在竞争政策和反垄断领域的立法工作上取得了重大进展，但随着新一轮科技革命和产业变革不断深化，新技术、新产业、新业态和新模式的不断涌现，竞争政策和反垄断面临的形势也在不断发生变化。未来亟须适应高质量发展的要求，确立竞争政策基础地位，结合新经济的发展和相关经济理论的演进，不断完善竞争政策领域的法律法规。

3. 科技创新体制改革更加迫切

新一轮技术革命和产业变革将深刻影响世界各国特别是大国之间的实力对比，进而重塑各个国家竞争力在全球的位置。当前国际科技竞争异常激烈，主要国家对科技创新高度重视，纷纷把争夺科技制高点作为国家发展战略的重点。以美国为首的发达国家对国际科技交流与合作采取更加严格的管制措施，比如制定新的出口管制清单、限制我国企业对美国高技术企业的并购、限制科技人员的交流等，严重影响了我国对外科技交流与合作。未来我国外部技术来源渠道变窄，亟须全面完善科技创新制度和组织体系，加强国家创新体系建设，健全鼓励支持基础研究、原始创新的体制机制。

三、新冠肺炎疫情加速全球产业链重构，要求我国通过对接规则、规制、管理和标准加快制度性开放

受保护主义、技术变革、要素成本变化等多重因素影响，近年来，全球产业布局加快调整。无论新兴经济体还是发达经济体，都在逐步完善本土产业链，以降低对进口中间投入品的依赖。据统计，2007—2017年间，全球中间品贸易下降了5.1个百分点。新冠肺炎疫情在全球迅速蔓延，进一步加剧了国际贸易投资萎缩，全球产业链供应链受到全方位冲击，并促使各国反思在全球价值链中的定位，对产业安全的重视程度提高，加速推动全球产业链重构。这

要求我国必须加快向全球产业链、价值链高端攀升，有针对性地实施强链补链工程，提高自主研发能力和制造业核心竞争力，开放蕴含新变化新机遇，开放倒逼改革，与经济体制改革相辅相成，迫切需要增强制度透明度和竞争力，对接国际贸易规则，牢牢把握国际竞争的主动权。

1. 产业链升级迫切需要我国推动高标准市场体系建设

全球产业链重构格局下，我国产业链控制力不强、关键技术领域“卡脖子”瓶颈愈加凸显。要实现我国产业链升级的战略目标，必须加快构建高水平开放型经济新体制，而高水平开放型经济新体制依赖于高标准市场体系建设。在战略机遇的新要求下，必须推动我国在市场体系建设中有效对标国际标准，构建以国内大循环为主体、国内国际双循环相互促进的新发展格局，倒逼我国通过全面深化改革不断弥补体制短板，形成与国际相衔接的基本制度体系和监管模式，促进规则变革，优化制度供给安排，加快推进更大范围、更宽领域、更深层次的全面开放，推动一些深层次体制机制问题取得实质性突破，形成以开放促改革的新格局。

2. 产业链加速重构需要我国围绕国际通行规则积极改革创新

近年来，美国、德国、日本等发达国家先后实施“制造业回流”“再工业化”“工业4.0”等战略，力图通过税收优惠、加大补贴力度鼓励制成品出口等一系列政策措施吸引海外制造业回流国内。要有效化解全球产业链重构给我国带来的风险，必须努力建立与国际贸易投资规则相衔接的改革机制。这给我国提升与国际规则的对接度和协调性提出了更高要求。要牢牢把握国际通行规则，加快形成与国际投资、贸易通行规则相衔接的基本制度体系和监管模式，既充分发挥市场在资源配置中的决定性作用，又更好发挥政府作用。要大胆闯、大胆试、自主改，尽快形成一批可复制、可推广的新制度，加快在促进投资贸易便利、监管高效便捷、法制环境规范等方面先试出首批管用、有效的成果。要更加注重规则等制度型开放，建立公平开放透明的市场规则，进一步在制度层面与国际接轨。

第二节

我国社会主要矛盾转化，对加快完善社会主义市场经济体制提出更高要求

改革开放尤其是党的十八大以来，伴随我国社会生产力水平大幅提高，广大人民群众的基本需求逐步得到有效满足。党的十九大提出，中国特色社会主义进入了新时代，我国社会主要矛盾已经转化为人民日益增长的美好生活需要和不平衡不充分的发展之间的矛盾。社会主要矛盾的转化，意味着我国告别了物质短缺阶段，迎来了更加多样化的“美好生活需要”阶段，体现的是中国社会发展划时代的进步，同时也带来了前所未有的挑战。

一、经济发展不平衡不充分，要求完善促进更加平衡、充分发展的长效机制

影响满足人民对美好生活需要的因素有很多，但主要是发展不平衡不充分问题。发展不平衡，主要是指各区域各领域各方面发展不够平衡，制约了全国发展水平提升。发展不充分，主要是指一些地方、一些领域、一些方面还有发展不足的问题，发展的任务还很重。

现阶段，我国发展不平衡不充分表现在很多方面。比如，从社会生产力看，我国既有世界先进甚至世界领先的生产力，也有大量传统的、相对落后甚至原始的生产力，而且不同地区、不同领域生产力水平和布局很不均匀。这说明，进一步推动我国发展，既要从全局上解决生产力布局不平衡问题，也要解决部分地区、部分领域生产力发展不充分问题。

从“五位一体”总体布局看，经济发展水平是国家发展水平的主要体现，但不是全部。只有在推动经济发展的同时全面推动国家各方面发展，实现平衡发展、充分发展，才能在更高水平上满足人民日益增长的美好生活需要。从城乡区域发展来看，我国东部地区、中部地区、西部地区之间，城市和乡村之间，发展水平差距仍然比较大。在东部地区和一些大城市，发展水平和发达国家差不多，有些方面甚至超过它们，但农村和中西部地区，特别是老少边穷地区，经济社会发展还比较落后。从收入分配看，

2019年我国人均国内生产总值超过1万美元，在世界上处于中等偏上行列，绝大多数人已经解决了温饱问题，但收入差距仍然较大。这些发展不平衡不充分问题相互掣肘，带来很多社会矛盾和问题，是现阶段各种社会矛盾交织的主要根源，已经成为社会主要矛盾的主要方面。

这些发展不平衡问题，对建立促进更加平衡、充分发展的长效机制提出了更高要求，要求加快创新制度供给，破除制约生产力均衡、充分发展的各类体制机制障碍，加快形成全国统一开放、竞争有序的商品和要素市场，健全体现效率、促进公平的收入分配制度，让改革发展成果更多更公平惠及全体人民。

二、人民对美好生活的向往，人民群众对改革的新期待，需要制度供给来保障

改革开放尤其是党的十八大以来，伴随我国社会生产力水平大幅提高，广大人民群众的基本需求逐步得到有效满足。进入新时代，人民群众对美好生活有了新期待。人们原来对物质生活的“硬需求”呈现出升级态势，不仅在“物”的层面有更高的期待，而且盼望更丰富的精神文化生活，更加追求生活的文化内涵和精神境界，由此衍生出获得感、幸福感、安全感以及尊严、权利、当家作主等更具主观色彩的“软需求”。人民生活进一步体现出“美好”意蕴，并在此基础上升华为对民主、法治、公平、正义、安全、生

态等方面的更高期待。进入新时代，人民群众的物质文化需求日趋多样化、个性化、多层次、高品质，甚至伴随文化视野拓展、消费理念更新，人民群众的需求日趋国际化。

改革开放四十多年来，我国亿万人民既创造了物质文明发展的世界奇迹，也创造了精神文明发展的丰硕成果。但是更应看到当前“供给侧”仍然不足，水平仍然不高的实际情况。进入新时代，人民群众对美好生活的追求更加凸显，对更高层次生活的需求愈加强劲。这是我国经济社会发展的必然结果，也是需求上升规律的必然体现。另一方面，与西方发达国家相比、与我国经济社会发展水平相比、与人民群众日益提高的精神文化需求相比，现阶段我国物质、文化产品的生产供给还存在不少短板，还有很大提升空间。

在新的历史时期，深入推进经济体制改革必须不断满足人民群众对美好生活的新期待。全面深化改革必须着眼创造更加公平正义的社会环境，不断克服各种有违公平正义的现象，使改革发展成果更多更公平惠及全体人民。深化经济体制改革，要牢牢把握以人民为中心的发展思想，坚持把人民“获得感”作为推动改革的“风向标”，作为深化改革成效的“试金石”。要把促进社会公平正义、增进人民福祉作为一面镜子，审视各方面体制机制和政策规定，哪个领域哪个环节问题突出，哪个领域哪个环节就是改革的重点。不仅要满足居民对“量”的需求，更要提高供给的“质”。不仅要满足居民对产品的需求，更要在民主、法治、公平、正义、安全、文化、环境等方面，在教育、医疗、养老、社会保障等基本民生方面，满足人民群众日益增长的迫切需要，进而保障各领域改革顺利推进。

第三节

推动经济发展质量变革、效率变革、动力变革，要求加快完善社会主义市场经济体制

党的十九大报告提出，我国经济已由高速增长阶段转向高质量发展阶段，正处在转变发展方式、优化经济结构、转换增长动力的攻关期。推动经济发展质量变革、效率变革、动力变革是实现经济高质量发展的关键所在。当前，推动经济高质量发展还有不少体制性障碍，经济由高速增长阶段转向高质量发展阶段，对完善社会主义市场经济体制提出了更高要求。“十四五”时期，要站在新的历史起点上，深入谋划经济体制改革，充分发挥改革的突破和先导作用，为推动高质量发展提供强大动力和体制保障。

一、解决我国当前经济运行存在的问题，需要推动经济发展质量变革、效率变革、动力变革

当前和今后一段时期，我国经济面临的内外部环境复杂严峻，经济下行压力较大，推进经济体制改革面临短期冲击与压力，需要辩证处理好短期和长期等重大关系，不断深化社会主义市场经济体制改革。

1. 经济运行稳中有变，完善宏观调控制度体系面临新挑战

一是经济结构性体制性周期性问题交织的影响持续深化。我国经济已由原来的高速挡平稳切换到现阶段的中高速挡。近年来经济运行处在合理区间，稳定性和韧性不断增强，但是结构性体制性周期性问题相互交织，增长速度换挡期、结构调整阵痛期、前期刺激政策消化期“三期叠加”影响仍在持续深化。二是完善宏观调控制度体系和推进相应改革面临诸多挑战。由于结构调整进入攻坚期，长期积累的结构性矛盾和新变化带来的周期性问题相互交织，增加了经济下行压力与宏观调控难度，要求尽快形成系统完备、科学规范、运行有效的宏观经济治理体系。

2. 经济运行变中有忧，平衡促改革和稳增长难度较大

一是推进改革过程中要兼顾稳增长，避免加剧短期经济下行。供给侧结构性改革侧重于通过中长期的科技创新、制度创新和管理创新，着眼于化解过剩产能、矫正供求结构错配和要素配置扭曲，

实现劳动力、土地、资本等要素资源的优化配置，改善供给结构，释放新的需求潜力，但去产能、去库存、去杠杆等一系列措施，在短期内可能还会加大经济的下行压力。二是推进经济体制改革需要兼顾维护宏观经济运行环境。从实际情况看，经济运行速度过高或者过低都不利于推进改革。如果发展速度过低，居民收入增速及民生改善步伐也会相应放缓，会给进一步深化经济体制改革带来挑战。需求管理措施有助于熨平短期经济波动，通过扩张性财政政策或货币政策刺激总需求，实现总供给与总需求的平衡，在短期内能避免经济大幅下行，但要坚持不搞“大水漫灌”以防扭曲资源配置，加剧经济体系中的结构性失衡。

从工业化和经济增长的历史来看，我国经济阶段的转换符合经济发展规律，这种转换并没有改变我国发展仍处在重要战略机遇期的判断。尽管我国增长速度有所放缓，但每年的增量及其对全球经济的带动作用仍然巨大。推动质量变革、效率变革、动力变革是我国高质量发展的必然要求。在保持经济合理增长速度的同时，要把重点放在如何提高经济增长质量和效益，实现经济增长方式转换。

二、推动经济发展质量变革、效率变革、动力变革，需要深化经济体制改革

党的十九大报告指出，我国正处于转变发展方式、优化经济结

构、转换增长动力的攻关期。在攻关期，需要攻克转方式、优结构、增动力三个关口，核心是推动质量变革、效率变革和动力变革，这就要求深化经济体制改革，通过加快完善社会主义市场经济体制形成新动力。

1. 质量变革要求破除制约供给质量提升的体制机制

质量变革是主体，主攻方向就是要通过存量产业调整和新型产业培育，不断提升供给体系质量。质量变革有助于倒逼产权、国资国企等相关领域市场经济体制改革，为提高供给体系质量提供新机遇。一是为增强市场主体活力、提升微观主体质量创造条件。增强微观主体活力和创造力，是推动质量变革重要前提。二是为强化有效供给、形成强大国内市场创造条件。这要求“十四五”时期，通过不断破除体制机制壁垒，推动企业和产品的优胜劣汰，资源向优质企业和产品集中，通过充分有效的市场竞争，逐步形成一批有国际竞争力的高质量品牌企业和产品；将创新作为质量提高的强大动能，建立以企业为主体、市场为导向、产学研深度融合的技术创新体系，创新促进科技成果转化机制，积极培育发展新动能，强化标准引领，提升产业基础能力和产业链现代化水平。通过质量变革倒逼上述改革，为加快形成强大国内市场创造条件。

2. 效率变革为打造高标准市场体系提供新机遇

效率变革是高质量发展的主线，要为高质量发展打下一个效率和竞争力的稳固基础。一是效率变革为完善要素市场化配置、建立高标准要素市场体系创造有利条件。要素市场的效率往往决定了一个经济体的运行效率，效率变革的核心就是通过改革实现要素资源的高效合理配置，形成统一开放、竞争有序的市场体系。二是效率变革为形成竞争有序的市场体系奠定基础。市场竞争归根结底是投入产出比较的竞争、效率高低的竞争。要实现效率变革，必须进一步深化制度改革，为健全竞争有序的市场体系奠定基础。三是效率变革是构建更具广度和深度的开放型市场体系的应有之义。实现效率变革，有利于推动以开放促发展，不断提高开放型经济水平。“十四五”时期，需以供给侧结构性改革为主线，以营造与效率变革相适应的体制政策环境为目标，推出一批能够牵一发动全身的改革举措，充分发挥综合改革效能和整体优势，为推进我国市场体系统一开放、竞争有序提供机遇。

3. 动力变革要求营造良好的科技创新体制机制环境

高质量发展是包括发展标准、体制机制、增长动力、产业结构等在内的整个经济体系的多层次、多领域、系统化升级。不同于“高速低质”的传统发展模式，推动高质量发展更加强调增长动力的转换，这种动力来源于体制改革和科技创新。从根本上讲，强化自主创新，推动高质量发展，最紧迫的任务就是要深化改革，破除体制机制障碍，最大限度地解放和激发科技作为第一生产力所蕴藏的巨大潜能。为此，要构建社会主义市场经济条件下关键核心技术攻关新型举国体制，健全鼓励支持基础研究、原始创新的体制机制，在重要领域适度超前布局建设投入运营多元的国家重大科技基础设施；促进创新创业与经济社会发展深入融合，进一步激发市场创造力；不断创新政府管理方式，加快建立推动高质量发展的绩效评价和政绩考核体系，引导树立以高质量发展为导向的发展观和政绩观，推动思维方式、行为方式和发展方式实现根本转变。

第四节

市场经济体制内在的系统性整体性协同性，要求创新制度供给补齐制度短板

改革开放四十多年来，我国成功实现了从高度集中的计划经济体制向充满活力的社会主义市场经济体制的伟大转变。特别是党的十八大以来，以习近平同志为核心的党中央作出全面深化改革的重大战略部署，实现改革理论和实践一系列新的重大突破，开创了经济体制改革全新局面，推动经济社会发展取得历史性成就，发生历史性变革。中国特色社会主义进入新时代，我国社会主要矛盾转化为人民日益增长的美好生活需要和不平衡不充分的发展之间的矛盾，我国经济已由高速增长阶段转向高质量发展阶段。站在新的历史起点上，必须看到，我国社会主义市场经济体制还不够完善，政府和市场的关系还没有完全理顺，市场在资源配置中的作用发挥受

到诸多制约，推动高质量发展还存在不少体制性障碍。市场机制要有效发挥作用，基于市场经济体制内在的系统性、整体性、协同性，要求实现制度供给创新，加快补齐制度短板。

一、资源要素配置效率较低，要素市场化配置体制机制改革更加紧迫

我国商品市场发育较为充分，市场决定商品价格基本实现全覆盖，但要素市场发育不充分，存在市场决定要素配置范围有限、要素流动存在体制机制障碍等问题。劳动力、土地和资本等生产要素已经建立各自的市场，有了相应的价格。但劳动力、土地、资本等生产要素市场相对于产品市场和经济发展要求还比较滞后，存在明显的二元结构，在生产、交易、定价等环节一定程度上存在区域分割和地方保护，各类生产要素未实现合理流动，市场决定性作用发挥不够，要素价格难以真实灵活地反映市场供求关系、资源稀缺程度和使用成本。

从各类要素市场发育程度来看，各自特征不同，问题表现有所差异。例如，劳动力市场要求基本建立起与市场经济体制相适应的劳动力市场化配置制度。当前，我国市场导向就业机制基本形成，劳动者和用人单位市场主体地位基本确立；就业渠道和方式多元化，工资决定市场化；劳动力市场就业服务和职业培训体系不断健全，促进就业的法律法规基本形成。但劳动力市场也存在多元

分割现象，既有户籍、身份、所有制等体制性分割，也有产业、区域、职业等经济性分割，劳动力流动和择业的自由度仍有待提高。金融资源配置总体上呈现一定的不平衡性，实体经济仍存在“融资难”“融资贵”问题；金融体系复杂程度明显上升；我国经济体量大、各地区发展不平衡，不同经济主体对金融的需求呈差异化特征，现代金融机构建设不匹配；人民币汇率形成机制还需不断完善，让汇率承担起发挥国际收支自动调节的作用，发挥市场在外汇资源配置中的决定性作用。要素配置改革是“十四五”时期深化改革的重点领域，其核心是实现要素的市场化配置，使市场在资源配置中起决定性作用，更好发挥政府作用。

二、市场主体活力有待提升，市场经济微观基础还需夯实

党的十九届四中全会指出，毫不动摇巩固和发展公有制经济，毫不动摇鼓励、支持、引导非公有制经济发展。坚持“两个毫不动摇”，把公有制经济巩固好、发展好，落实鼓励引导支持民营经济发展的各项政策措施，为各类所有制企业营造公平、透明、法治的发展环境，就是为了更好坚持和完善社会主义基本经济制度，推动各种所有制经济健康发展，最大程度激发各类市场主体活力。当前我国各类市场主体活力仍然有待提升，各类企业的自主创新能力还需进一步增强。

1. 国有企业改革成效需要进一步提升

习近平总书记指出，国有企业是壮大国家综合实力、保障人民共同利益的重要力量，必须理直气壮做强做优做大，不断增强活力、影响力、抗风险能力，实现国有资产保值增值[1]。当前国有企业的现代企业制度和市场化经营机制仍不健全，核心竞争力有待增强，国资监管体制需要进一步完善，仍需以混合所有制改革为突破口持续深化改革，进一步增强国有经济的竞争力、创新力、控制力，提升国资国企改革成效。

2. 促进民营企业高质量发展的制度环境尚需持续优化

在要素获取、市场准入、政府采购和招投标等方面，还存在一些与企业性质挂钩的不合理规定，制约各类所有制企业平等参与市场竞争的隐性壁垒和障碍依然存在。金融机构服务民营企业体系尚未健全，支持以中小微民营企业为主要服务对象的中小银行发展还不到位。拖欠民营和中小企业账款的情况时有发生。民营经济发展环境需要进一步优化。

三、政府和市场的关系没有完全理顺

党的十八届三中全会提出，使市场在资源配置中起决定性作用和更好发挥政府作用，清晰界定了政府和市场的关系。但在实际工

[1] 在全国企业改革座谈会上的讲话（2016年7月4日），《人民日报》2016年7月5日。

作中，政府和市场关系仍然没有完全理顺。一方面，部分地区、部门仍然习惯于用行政手段调节经济，尤其是在面临经济下行压力的情况下，存在对微观经济直接干预过多等问题，很大程度上压抑了市场成长空间，导致信号失真、资源错配和效率不高。部分地方出于自身利益，还存在地方保护主义行为，政府监管出现扭曲和缺位，阻碍市场要素合理流动和全国统一市场的形成。政府直接干预微观经济活动，不仅影响市场在资源配置中发挥决定性作用，增加交易成本，还容易滋生权力寻租和利益输送的腐败行为。另一方面，由于部分市场存在失灵，政府职能尚未完全转变到位，作用还有待进一步发挥。比如，知识产权领域，对知识产权保护不够，惩罚成本和违法收益不成比例，企业开展自主创新的动力减弱，核心技术的引领作用难以发挥。互联网金融等领域，新业态、新技术不断涌现，非法集资的方式、手段也不断翻新，而相应的管理制度、监管手段还难以跟上，无法及时通过现行金融监管框架进行约束和规范。

四、改革的激励约束机制有待完善

党的十九大报告指出，坚持严管和厚爱结合、激励和约束并重，完善干部考核评价机制，建立激励机制和容错纠错机制，旗帜鲜明为那些敢于担当、踏实做事、不谋私利的干部撑腰鼓劲。当前改革激励机制和容错纠错机制与中央的要求还存在差距，仍需要进一步建立健全，改革效果的评估及其结果应用工作还需加强，在改革创新中出现失误错误的性质和影响有时还难以准确界定，对改革典型案例、改革成效的总结推广和宣传报道还不够，"鼓励大胆探索者，宽容改革失误者，鞭策改革滞后者"的舆论环境和社会氛围仍有待强化。

总之，站在"两个一百年"奋斗目标历史交汇点上，"十四五"时期，我国的改革基础更加坚实，我们对改革规律的认识更加深刻，对改革战略战术的把控能力不断提升，有利于改革的积极因素不断增多，为在更高起点、更高层次、更高目标上推进经济体制改革提供了良好的条件。面对国内外复杂形势，各种机遇挑战交织叠加，要坚持运用辩证思维，善于用改革的办法解决发展中的问题。

第五章

“十四五”时期加快完善社会主义市场经济体制的总体思路和重点任务

当前，我国改革发展形势处于深刻变化之中，外部不确定不稳定因素增多，改革发展面临许多新情况新要求。我们要保持战略定力，统筹谋划“十四五”时期经济体制改革，更加注重制度建设和治理体系建设，更多解决深层次体制机制问题，要按照习近平总书记关于加快完善社会主义市场经济体制重要论述要求，坚持问题导向、目标导向和结果导向，加强改革系统集成、协同高效，推动新时代改革更好服务经济社会发展大局。

第一节

总 体 思 路

“十四五”时期加快完善社会主义市场经济体制，要以习近平新时代中国特色社会主义思想为指导，全面贯彻党的十九大和十九届二中、三中、四中全会精神，坚持和完善社会主义基本经济制度，以完善产权制度和要素市场化配置为重点，全面深化经济体制改革，建设高标准市场体系，实现产权有效激励、要素自由流动、价格反应灵活、竞争公平有序、企业优胜劣汰，加强和改善制度供给，着力构建市场机制有效、微观主体有活力、宏观调控有度的经济体制，推进国家经济治理体系和治理能力现代化，推动生产关系同生产力、上层建筑同经济基础相适应，促进更高质量、更有效率、更加公平、更可持续、更为安全的发展。

在“十四五”时期，要推进要素市场化改革，打破行政性垄断，防止市场垄断，建立现代市场体系，使市场机制更有效地发挥作用。通过完善产权制度、深化国资国企改革、支持民营企业发展，使微观主体更有活力。要创新和完善宏观调控的理念和方式，合理把握宏观调控的度，最终实现市场主体经济活动遵循价值规律的要求，适应供求关系的变化，通过价格杠杆和竞争机制，把资源配置到效益最好的环节中去，并使企业优胜劣汰，运用市场对各种经济信号反应灵敏的特点，促使生产和需求及时协调，为建设现代化经济体系、推动高质量发展提供制度基础和保障。

第二节

激发各类主体活力

毫不动摇巩固和发展公有制经济，毫不动摇鼓励、支持、引导非公有制经济发展，探索公有制多种实现形式，支持民营企业改革发展，培育更多充满活力的市场主体。

一、深化国资国企改革

1. 推进国有经济布局优化和结构调整

推动国有资本更多投向关系国家安全、国民经济命脉的重要行业和关键领域，服务国家战略目标，增强国有经济竞争力、创新力、控制力、影响力、抗风险能力，做强做优做大国有资本，有效防止国有资产流失。对处于充分竞争领域的国有经济，通过资本化、证券化等方式优化国有资本配置，提高国有资本收益。形成以管资本为主的国有资产监管体制，在重要行业和关键领域改组成立一批国有资本投资公司，组建一批国有资本运营公司，有效发挥国有资本投资、运营公司功能作用，盘活存量国有资本，促进国有资产保值增值。

2. 有序推进国有企业混合所有制改革

在深入开展重点领域混合所有制改革试点基础上，按照完善治理、强化激励、突出主业、提高效率的要求，深化国有企业混合所有制改革，发展混合所有制经济。对充分竞争领域的国家出资企业和国有资本运营公司出资企业，探索将部分国有股权转化为优先股，强化国有资本收益功能。支持符合条件的混合所有制企业建立骨干员工持股、上市公司股权激励、科技型企业股权和分红激励等中长期激励机制。深化国有企业改革，加快完善国有企业法人治理结构和市场化经营机制，健全经理层任期制和契约化管理，完善中国特色现代企业制度。对混合所有制企业，建立有别于国有独资、全资公司的治理机制和监管制度。对国有资本不再绝对控股的混合所有制企业，探索实施更加灵活高效的监管制度。

二、营造支持非公有制经济高质量发展的制度环境

完善支持民营经济、外商投资企业发展的市场、政策、法治和社会环境，进一步激发活力和创造力。在要素获取、准入许可、

经营运行、政府采购和招投标等方面对各类所有制企业平等对待，破除制约市场竞争的各类障碍和隐性壁垒，营造各种所有制主体依法平等使用资源要素、公开公平公正参与竞争、同等受到法律保护的市场环境。完善支持非公有制经济进入电力、石油、天然气等行业领域的实施细则和具体办法，大幅放宽服务业领域市场准入，向社会资本释放更大发展空间。健全支持中小企业发展制度，增加面向中小企业的金融服务供给，出台支持发展民营银行、社区银行等中小金融机构的细则办法。完善民营企业融资增信支持体系。健全民营企业直接融资支持制度。建立清理和防止拖欠民营企业中小企业账款长效机制。完善构建亲清新型政商关系的政策体系，建立规范化机制化政企沟通渠道，鼓励民营企业参与实施国家重大战略。

第三节

健全产权、市场准入、公平竞争等市场经济基础性制度

全面完善产权、市场准入、公平竞争等制度，筑牢社会主义市场经济有效运行的体制基础。

一、全面完善产权制度

完善产权制度，明晰产权界定，依法保护各种所有制主体财产权利，是保障经济社会持续健康发展的基础。“十四五”时期，要全面完善产权制度，健全归属清晰、权责明确、保护严格、流转顺畅的现代产权制度，加强产权激励。完善以管资本为主的经营性国有资产产权管理制度，加快转变国资监管机构的职能和履职方式。

健全自然资源资产产权制度。健全以公平为原则的产权保护制度，全面依法平等保护民营经济产权，依法严肃查处各类侵害民营企业合法权益的行为。落实农村第二轮土地承包到期后再延长30年政策，完善农村承包地“三权分置”制度。深化农村集体产权制度改革，完善产权权能，将经营性资产折股量化到集体经济组织成员，创新农村集体经济有效组织形式和运行机制，完善农村基本经营制度。完善和细化知识产权创造、运用、交易、保护制度规则，加快建立知识产权侵权惩罚性赔偿制度，加强企业商业秘密保护，完善新领域新业态知识产权保护制度。

二、全面实施市场准入负面清单制度

持续推动放宽市场准入门槛，推行“全国一张清单”管理模式，维护清单的统一性和权威性。建立市场准入负面清单动态调整机制和第三方评估机制，以服务业为重点试点进一步放宽准入限制。建立统一的清单代码体系，使清单事项与行政审批体系紧密衔接、相互匹配。建立市场准入负面清单信息公开机制，提升准入政策透明度和负面清单使用便捷性。建立市场准入评估制度，定期评估、排查、清理各类显性和隐性壁垒，推动“非禁即入”普遍落实。改革生产许可制度。

三、全面完善公平竞争审查制度

完善竞争政策框架，建立健全竞争政策实施机制，强化竞争政策基础地位。强化公平竞争审查的刚性约束，修订完善公平竞争审查实施细则，建立公平竞争审查抽查、考核、公示制度，建立健全第三方审查和评估机制。统筹做好增量审查与存量清理，逐步清理废除妨碍全国统一市场和公平竞争的政策。建立违反公平竞争问题反映和举报绿色通道。加强和改进反垄断和反不正当竞争执法，加大执法力度，提高违法成本。培育和弘扬公平竞争文化，进一步营造公平竞争的社会环境。

第四节

推进土地、劳动力、资本、技术、数据等要素市场化改革

要素资源市场化配置是建设高标准市场体系的难点和重点。党的十九届四中全会提出，推进要素市场制度建设，实现要素价格市场决定、流动自主有序、配置高效公平。《中共中央 国务院关于构建更加完善的要素市场化配置体制机制的意见》印发实施，明确了要素市场化配置改革的重点任务和重要措施，必须打破妨碍生产要素自由流动的各种壁垒，扩大要素市场化配置范围，健全要素市场体系，推进要素市场制度建设。

一、推进土地要素市场化配置

1. 建立健全城乡统一的建设用地市场

加快修改完善土地管理法实施条例，完善相关配套制度，制定出台农村集体经营性建设用地入市指导意见。全面推开农村土地征收制度改革，扩大国有土地有偿使用范围。建立公平合理的集体经营性建设用地入市增值收益分配制度。建立公共利益征地的相关制度规定。

2. 深化产业用地市场化配置改革

健全长期租赁、先租后让、弹性年期供应、作价出资（入股）等工业用地市场供应体系。在符合国土空间规划和用途管制要求前提下，调整完善产业用地政策，创新使用方式，推动不同产业用地类型合理转换，探索增加混合产业用地供给。

3. 鼓励盘活存量建设用地

充分运用市场机制盘活存量土地和低效用地，研究完善促进盘活存量建设用地的税费制度。以多种方式推进国有企业存量用地盘活利用。深化农村宅基地制度改革试点，深入推进建设用地整理，完善城乡建设用地增减挂钩政策，为乡村振兴和城乡融合发展提供土地要素保障。

4. 完善土地管理体制

完善土地利用计划管理，实施年度建设用地总量调控制度，增强土地管理灵活性，推动土地计划指标更加合理化，城乡建设用地指标使用应更多由省级政府负责。在国土空间规划编制、农村房地一体不动产登记基本完成的前提下，建立健全城乡建设用地供应三年滚动计划。探索建立全国性的建设用地、补充耕地指标跨区域交易机制。加强土地供应利用统计监测。实施城乡土地统一调查、统一规划、统一整治、统一登记。推动制定不动产登记法。

二、引导劳动力要素合理畅通有序流动

1. 深化户籍制度改革

推动超大、特大城市调整完善积分落户政策，探索推动在长三角、珠三角等城市群率先实现户籍准入年限同城化累计互认。放开放宽除个别超大城市外的城市落户限制，试行以经常居住地登记户口制度。建立城镇教育、就业创业、医疗卫生等基本公共服务与常住人口挂钩机制，推动公共资源按常住人口规模配置。

2. 畅通劳动力和人才社会性流动渠道

健全统一规范的人力资源市场体系，加快建立协调衔接的劳动力、人才流动政策体系和交流合作机制。营造公平就业环境，依法纠正身份、性别等就业歧视现象，保障城乡劳动者享有平等就业权利。进一步畅通企业、社会组织人员进入党政机关、国有企事业单位渠道。优化国有企事业单位面向社会选人用人机制，深入推行国有企业分级分类公开招聘。加强就业援助，实施优先扶持和重点帮

助。完善人事档案管理服务，加快提升人事档案信息化水平。

3. 完善技术技能评价制度

创新评价标准，以职业能力为核心制定职业标准，进一步打破户籍、地域、身份、档案、人事关系等制约，畅通非公有制经济组织、社会组织、自由职业专业技术人员职称申报渠道。加快建立劳动者终身职业技能培训制度。推进社会化职称评审。完善技术工人评价选拔制度。探索实现职业技能等级证书和学历证书互通衔接。加强公共卫生队伍建设，健全执业人员培养、准入、使用、待遇保障、考核评价和激励机制。

4. 加大人才引进力度

畅通海外科学家来华工作通道。在职业资格认定认可、子女教育、商业医疗保险以及在中国境内停留、居留等方面，为外籍高层次人才来华创新创业提供便利。

三、推进资本要素市场化配置

1. 完善股票市场基础制度

坚持市场化、法治化改革方向，改革完善股票市场发行、交易、退市等制度。鼓励和引导上市公司现金分红。完善投资者保护制度，推动完善具有中国特色的证券民事诉讼制度。完善主板、科创板、中小企业板、创业板和全国中小企业股份转让系统（新三板）市场建设。

2. 加快发展债券市场

稳步扩大债券市场规模，丰富债券市场品种，推进债券市场互联互通。统一公司信用类债券信息披露标准，完善债券违约处置机制。探索对公司信用类债券实行发行注册管理制。加强债券市场评级机构统一准入管理，规范信用评级行业发展。

3. 增加有效金融服务供给

健全多层次资本市场体系。构建多层次、广覆盖、有差异、大中小合理分工的银行机构体系，优化金融资源配置，放宽金融服务业市场准入，推动信用信息深度开发利用，增加服务小微和民营企业的金融服务供给。建立县域银行业金融机构服务“三农”的激励约束机制。推进绿色金融创新。完善金融机构市场化法治化退出机制。

4. 主动有序扩大金融业对外开放

稳步推进人民币国际化和人民币资本项目可兑换。逐步推进证券、基金行业对内对外双向开放，有序推进期货市场对外开放。逐步放宽外资金融机构准入条件，推进境内金融机构参与国际金融市场交易。

四、加快发展技术要素市场

1. 健全职务科技成果产权制度

深化科技成果使用权、处置权和收益权改革，开展赋予科研人员职务科技成果所有权或长期使用权试点。强化知识产权保护和运用，支持重大技术装备、重点新材料等领域的自主知识产权市场化运营。

2. 完善科技创新资源配置方式

改革科研项目立项和组织实施方式，坚持目标引领，强化成果导向，建立健全多元化支持机制。完善专业机构管理项目机制。加强科技成果转化中试基地建设。支持有条件的企业承担国家重大科技项目。建立市场化社会化的科研成果评价制度，修订技术合同认定规则及科技成果登记管理办法。建立健全科技成果常态化路演和科技创新咨询制度。

3. 培育发展技术转移机构和技术经理人

加强国家技术转移区域中心建设。支持科技企业与高校、科研机构合作建立技术研发中心、产业研究院、中试基地等新型研发机构。积极推进科研院所分类改革，加快推进应用技术类科研院所市场化、企业化发展。支持高校、科研机构和科技企业设立技术转移部门。建立国家技术转移人才培养体系，提高技术转移专业服务能力。

4. 促进技术要素与资本要素融合发展

积极探索通过天使投资、创业投资、知识产权证券化、科技保险等方式推动科技成果资本化。鼓励商业银行采用知识产权质押、预期收益质押等融资方式，为促进技术转移转化提供更多金融产品服务。

5. 支持国际科技创新合作

深化基础研究国际合作，组织实施国际科技创新合作重点专项，探索国际科技创新合作新模式，扩大科技领域对外开放。加大抗病毒药物及疫苗研发国际合作力度。开展创新要素跨境便利流动试点，发展离岸创新创业，探索推动外籍科学家领衔承担政府支持科技项目。发展技术贸易，促进技术进口来源多元化，扩大技术出口。

五、加快培育数据要素市场

1. 推进政府数据开放共享

优化经济治理基础数据库，加快推动各地区各部门间数据共享交换，制定出台新一批数据共享责任清单。研究建立促进企业登记、交通运输、气象等公共数据开放和数据资源有效流动的制度规范。

2. 提升社会数据资源价值

培育数字经济新产业、新业态和新模式，支持构建农业、工业、交通、教育、安防、城市管理、公共资源交易等领域规范化数据开发利用的场景。发挥行业协会商会作用，推动人工智能、可穿戴设备、车联网、物联网等领域数据采集标准化。

3. 加强数据资源整合和安全保护

探索建立统一规范的数据管理制度，提高数据质量和规范性，丰富数据产品。研究根据数据性质完善产权性质。制定数据隐私保护制度和安全审查制度。推动完善适用于大数据环境下的数据分类分级安全保护制度，加强对政务数据、企业商业秘密和个人数据的保护。

六、加快要素价格市场化改革

1. 完善主要由市场决定要素价格机制

完善城乡基准地价、标定地价的制定与发布制度，逐步形成与市场价格挂钩动态调整机制。健全最低工资标准调整、工资集体协商和企业薪酬调查制度。深化国有企业工资决定机制改革，完善事业单位岗位绩效工资制度。建立公务员和企业相当人员工资水平调查比较制度，落实并完善工资正常调整机制。稳妥推进存贷款基准利率与市场利率并轨，提高债券市场定价效率，健全反映市场供求关系的国债收益率曲线，更好发挥国债收益率曲线定价基准作用。增强人民币汇率弹性，保持人民币汇率在合理均衡水平上的基本稳定。

2. 加强要素价格管理和监督

引导市场主体依法合理行使要素定价自主权，推动政府定价机制由制定具体价格水平向制定定价规则转变。构建要素价格公示和动态监测预警体系，逐步建立要素价格调查和信息发布制度。完善要素市场价格异常波动调节机制。加强要素领域价格反垄断工作，维护要素市场价格秩序。

3. 健全生产要素由市场评价贡献、按贡献决定报酬的机制

着重保护劳动所得，增加劳动者特别是一线劳动者劳动报酬，提高劳动报酬在初次分配中的比重。全面贯彻落实以增加知识价值为导向的收入分配政策，充分尊重科研、技术、管理人才，充分体现技术、知识、管理、数据等要素的价值。

七、健全要素市场运行机制

1. 健全要素市场化交易平台

拓展公共资源交易平台功能。健全科技成果交易平台，完善技术成果转化公开交易与监管体系。引导培育大数据交易市场，依法合规开展数据交易。支持各类所有制企业参与要素交易平台建设，规范要素交易平台治理，健全要素交易信息披露制度。

2. 完善要素交易规则和服务体系

研究制定土地、技术市场交易管理制度。建立健全数据产权交易和行业自律机制。推进全流程电子化交易。推进实物资产证券化。鼓励要素交易平台与各类金融机构、中介机构合作，形成涵盖产权界定、价格评估、流转交易、担保、保险等业务的综合服务体系。

3. 提升要素交易监管水平

打破地方保护，加强反垄断和反不正当竞争执法，规范交易行为，健全投诉举报查处机制，防止发生损害国家安全及公共利益的

行为。加强信用体系建设，完善失信行为认定、失信联合惩戒、信用修复等机制。健全交易风险防范处置机制。

4. 增强要素应急配置能力

把要素的应急管理和配置作为国家应急管理体系建设的重要内容，适应应急物资生产调配和应急管理需要，建立对相关生产要素的紧急调拨、采购等制度，提高应急状态下的要素高效协同配置能力。鼓励运用大数据、人工智能、云计算等数字技术，在应急管理、疫情防控、资源调配、社会管理等方面更好发挥作用。

第五节

推进能源、铁路等重点行业竞争性环节市场化改革

分类推进自然垄断行业改革，根据不同行业特点实行网运分开、放开竞争性业务，深化以政企分开、政资分开、特许经营、政府监管为主要内容的改革，打破行政垄断、防止市场垄断，实现要素配置高效公平，增强微观主体活力。

一、深化电力体制改革

按照“管住中间、放开两头”体制架构，持续深化电力市场化改革。进一步完善输配电价监管，推动电网企业聚焦电网投资运行、电力传输配送主责主业，深化竞争性业务改革，加快引导社会资本投入配售电业务，广泛培育合格市场主体，打造有效竞争的市

场环境。推动电力交易机构独立规范运行，电网企业在交易机构持股比例降至50%以下，打造公开、公平、公正的电力交易平台。不断健全电力市场建设，完善市场交易规则，统一交易技术标准，完善跨省跨区交易机制，提高交易市场化程度，推动除居民、农业用户外的发用电计划全面放开，引导各类市场主体依法依规参与电力中长期交易，有序推进电力现货市场建设，扩大电力现货试点范围，推动形成全国统一电力市场。进一步加强电力监管，完善部门间统一协同的监管体制，规范交易组织和电力调度行为，有效维护电力市场秩序。

二、深化油气体制改革

健全上游油气资源多主体多渠道供应、中间统一管网高效集输、下游销售市场充分竞争的“X+1+X”油气市场体系，提高油气资源配置效率，保障油气安全稳定供应。健全国家管网集团建设调度运营机制，鼓励各类社会资本投资建设油气管网基础设施，实现对第三方市场主体公平开放。推进地方管网公司以市场化方式融入国家管网集团，加快构建“全国一张网”。深化油气上游勘查开采管理体制改革，吸收更多国外资本和社会资本进入油气勘查开采领域，健全油气矿业权竞争出让体制，制定严格的区块退出机制。深化下游油气竞争性环节改革，完善油气进出口管理体制，持续推进天然气产供储销体系建设，加强天然气输配价格监管，进一步完善居民用气的定价机制，推进非民用天然气价格市场化，促进天然气消费。持续完善油气安全监管体制，促进行业高质量发展。

三、深化铁路行业改革

坚持社会主义市场经济改革方向，全面推进铁路投融资、建设、运营、监管等环节改革。深化铁路投融资改革，进一步放宽市场准入，为社会资本进入铁路行业营造良好环境；推动铁路分类分层建设，明确央地事权，优化铁路国有资本布局；完善铁路现代企业制度，加快转变经营机制，增强铁路企业活力；优化铁路运输运营规则，加强铁路行业监管。促进铁路运输业务市场主体多元化和适度竞争，降低铁路货运物流成本，打造综合物流运输体系。

第六节

完善宏观经济治理体制

完善宏观经济治理体制任务重大、涉及面广，必须切实把思想和行动统一到习近平新时代中国特色社会主义思想上来，坚持推动经济高质量发展、加快建设现代化经济体系，创新和完善宏观调控，进一步提高经济治理能力。

一、构建有效协调的宏观调控新机制

科学有效有度的宏观调控是实现经济社会平稳健康发展的重要保障，是完善社会主义市场体制的客观要求。适应高质量发展要求，必须健全以国家发展规划为战略导向，健全财政、货币、产业、区域等经济政策协调机制，增强宏观调控前瞻性、针对性、协

同性。要完善国家重大发展战略和中长期经济社会发展规划制度。围绕实现党和国家的战略意图和中长期发展目标，增强重大战略和中长期规划的宏观引导、统筹协调功能，强化专项规划、区域规划、国家规划在各个层面的统一落实，确保一张蓝图干到底。要促进财政、货币、就业、产业、投资、消费、区域等政策协同发力。科学稳健把握宏观政策逆周期调节力度，更好发挥财政政策对经济结构优化升级的支持作用，健全货币政策和宏观审慎政策双支柱调控框架。实施就业优先政策，发挥民生政策兜底功能。完善促进消费的体制机制，增强消费对经济发展的基础性作用。深化投融资体制改革，发挥投资对优化供给结构的关键性作用。要构建完善的宏观调控制度体系。加快建立与高质量发展要求相适应、体现新发展理念的宏观调控目标体系、政策体系、决策协调体系、监督考评体系和保障体系。优化经济治理基础数据库。强化经济监测预测预警能力，充分利用大数据、人工智能等新技术，建立重大风险识别和预警机制，加强社会预期管理。

二、加快建立现代财税制度

优化政府间事权和财权划分，建立权责清晰、财力协调、区域均衡的中央和地方财政关系，形成稳定的各级政府事权、支出责任和财力相适应的制度。适当加强中央在知识产权保护、养老保险、跨区域生态环境保护等方面事权，减少并规范中央和地方共同事权。完善标准科学、规范透明、约束有力的预算制度，全面实施预算绩效管理，提高财政资金使用效率。依法构建管理规范、责任清晰、公开透明、风险可控的政府举债融资机制，强化监督问责。清理规范地方融资平台公司，剥离政府融资职能。深化税收制度改革，完善直接税制度并逐步提高其比重。研究将部分品目消费税征收环节后移。建立和完善综合与分类相结合的个人所得税制度。稳步推进房地产税立法。健全地方税体系，调整完善地方税税制，培育壮大地方税税源，稳步扩大地方税管理权。

三、强化货币政策、宏观审慎政策和金融监管协调

建设现代中央银行制度，健全中央银行货币政策决策机制，完善基础货币投放机制，推动货币政策从数量型调控为主向价格型调控为主转型。建立现代金融监管体系，全面加强宏观审慎管理，强化综合监管，突出功能监管和行为监管，制定交叉性金融产品监管规则。加强薄弱环节金融监管制度建设，消除监管空白，守住不发生系统性金融风险底线。合理界定中央与地方金融监管权责分工，强化地方政府属地金融监管职责和风险处置责任。建立健全金融消费者保护基本制度。有序实现人民币资本项目可兑换，稳步推进人民币国际化。

四、全面完善科技创新制度和组织体系

加强国家创新体系建设，编制新一轮国家中长期科技发展规划，强化国家战略科技力量，构建社会主义市场经济条件下关键核心技术攻关新型举国体制，使国家科研资源进一步聚焦重点领域、重点项目、重点单位。健全鼓励支持基础研究、原始创新的体制机制，在重要领域适度超前布局建设国家重大科技基础设施，研究建立重大科技基础设施建设运营多元投入机制，支持民营企业参与关键领域核心技术创新攻关。改革完善中央财政科技计划形成机制和组织实施机制，更多支持企业承担科研任务，激励企业加大研发投入，提高科技创新绩效。建立以企业为主体、市场为导向、产学研深度融合的技术创新体系，支持大中小企业和各类主体融通创新，创新促进科技成果转化机制，完善技术成果转化公开交易与监管体系，推动科技成果转化和产业化。完善科技人才发现、培养、激励机制，健全符合科研规律的科技管理体制和政策体系，改进科技评价体系，探索赋予科研人员职务科技成果所有权或长期使用权。

五、推进产业政策和区域政策体系转型

推动产业政策向普惠化和功能性转型，强化对技术创新和结构升级的支持，加强产业政策与竞争政策协同。健全推动发展先进制

造业、振兴实体经济的体制机制。建立市场化法治化化解过剩产能长效机制，健全有利于促进市场化兼并重组、转型升级的体制和政策。构建区域协调发展新机制，完善京津冀协同发展、长江经济带发展、粤港澳大湾区建设、海南全面深化改革开放、长江三角洲区域一体化发展、黄河流域生态保护和高质量发展等重大区域战略推进实施机制，形成主体功能明显、优势互补、高质量发展的区域经济布局。健全城乡融合发展体制机制。

第七节

加快转变政府职能

新时代要更好地发挥政府作用，就必须以推进政府职能转变为重点继续深化行政管理体制改革，科学界定政府职能、深化推进放管服改革、加强依法行政、加强市场活动监管，促进经济社会健康有序发展。

一、以一流营商环境建设为牵引持续优化政府服务

以更大力度推进改革，改善投资和市场环境，让一流营商环境成为发展“强磁场”。要深化行政审批制度改革，进一步精简行政许可事项，对所有涉企经营许可事项实行“证照分离”改革，大力推进“照后减证”。全面开展工程建设项目审批制度改革。深化投

资审批制度改革，简化、整合投资项目报建手续，推进投资项目承诺制改革，依托全国投资项目在线审批监管平台加强事中事后监管。要创新行政管理和服务方式，深入开展“互联网+政务服务”，加快推进全国一体化政务服务平台建设。建立健全运用互联网、大数据、人工智能等技术手段进行行政管理的制度规则。要持续改善营商环境，落实《优化营商环境条例》，完善营商环境评价体系，适时在全国范围开展营商环境评价，加快打造市场化、法治化、国际化营商环境。

二、构建适应高质量发展要求的社会信用体系新型监管机制

完善诚信建设长效机制，推进信用信息共享，建立政府部门信用信息向市场主体有序开放机制。健全覆盖全社会的征信体系，培育具有全球话语权的征信机构和信用评级机构。实施“信易+”工程。完善失信主体信用修复机制。建立政务诚信监测治理体系，建立健全政府失信责任追究制度。严格市场监管、质量监管、安全监管，加强违法惩戒。加强市场监管创新，健全以“双随机、一公开”监管为基本手段、以重点监管为补充、以信用监管为基础的新型监管机制。以食品安全、药品安全、疫苗安全为重点，健全统一权威的全过程食品药品安全监管体系。完善网络市场规制体系，促进网络市场健康发展。健全对新业态的包容审慎监管制度。

三、促进行业协会商会规范健康发展

在基本实现行业协会商会与行政机关脱钩的基础上，持续深化改革，进一步理清政府、市场、社会的关系，构建清晰、紧密、协同、互促的新型政会关系。坚持培育监管并重，着力完善有利于行业协会商会规范健康发展的制度体系和政策环境，充分发挥行业协会商会独特优势和积极作用，加快形成结构合理、功能完善、诚信自律、充满活力的行业协会商会发展新格局。继续深化脱钩改革，实现行业协会商会在机构、职能、资产财务、人员管理、党建外事等方面与行政机关彻底脱钩。建立健全党建引领、专业监管、行业管理、社会监督、自律自治相结合的行业协会商会新型管理体制，实现从监护式监管向合规性监管、以事前监管为主向事中事后监管为主的转变。制定部门向行业协会商会转移职能目录、委托事项清单等，鼓励行业协会商会承接政府委托事项。加快制定行业协会商会直接登记办法，建立有进有出、有序竞争、良性循环的登记管理制度。鼓励引导行业协会商会以健全权责明确、运转协调、制衡有效的法人治理结构为核心，加强行业协会商会内部建设，形成行业协会商会规范健康发展的制度体系。

后 记

国家发展改革委高度重视《学习贯彻习近平新时代中国特色社会主义经济思想 做好“十四五”规划编制和发展改革工作》系列丛书的编写工作。《加快完善社会主义市场经济体制》一书的编写工作在国家发展改革委党组书记、主任何立峰同志的直接领导下，党组成员、副主任连维良同志的悉心指导下，国家发展改革委体制改革综合司具体承担。根据有关工作部署，体制改革综合司会同中国宏观经济研究院市场所、体管所成立编写专班，经多次深入研究讨论、多轮征求意见和反复修改完善，形成本书书稿。

体制改革综合司徐善长、万劲松、蒋毅、王任飞、董文、邢晓东、胡朝晖、李晨阳、张璐琴、许可、马楠、张小军、陈妍君、丁响、阮征、王伟龙、徐飞、刘洪安、许华勇、吴东升、朱曌、冯强、曾漳龙，市场所臧跃茹、刘泉红、王丹、吕云龙、刘方、刘翔峰、胡飞、荣晨、徐鹏、郭丽岩、梁俊、曾铮，体管所银温泉、王琛伟、刘现伟、张林山、陈伟伟、郭冠男等同志参与了书稿编写工作。袁达、赵怀勇、张志强、雷荣林、郝永平、韩保江、冯俏彬、潘彪、杨娟、刘志成、王磊等同志对本书提出重要修改意见，中国市场出版社编辑人员宋涛等同志为本书出版刊印付出辛苦努力，在此一并感谢。

本书编写组

2020年8月

学习贯彻习近平新时代中国特色社会主义经济思想
做好“十四五”规划编制和发展改革工作
| 系列丛书 |

编委会